이솝 우화로 읽는
진로 이야기

이솝 우화로 읽는
진로 이야기

정형권 지음

BM (주)도서출판 성안당

프롤로그

이솝 우화는 지금으로부터 2,600여 년 전 고대 그리스에 살았던 이솝이라는 사람이 쓴 이야기라고 합니다. 그는 노예 출신의 이야기꾼으로 알려져 있어요. 현재 이솝 우화의 원본은 남아 있지 않고, 여러 시대의 전설, 설화 등과 섞여 전해지고 있습니다.

이솝 우화에는 우리가 배우고 교훈으로 삼아야 할 내용이 많이 담겨 있어요. 그렇기 때문에 오랜 세월을 거쳐 지금까지 전해 내려올 수 있었겠지요.

이 책에서는 이솝 우화를 가지고 조금 색다른 시도를 해 보았습니다. 이솝 우화 가운데 진로와 관련 있는 이야기들을 뽑아서 진로에 대한 생각을 깊게 해 보는 것이지요. 짧은 이야기에는 내용을 좀 더 덧붙

여 보았어요. 그래서 본래 이솝 우화보다 이야기가 길어지면서 내용도 늘어났답니다. 원래의 이솝 우화와 비교하며 읽는 것도 재미있을 거예요.

또 자신의 생각을 적어 보고 정리할 수 있는 '진로 생각' 코너를 만들었습니다. 새롭게 추가된 이야기를 읽고 정리를 하면서 진로에 대한 생각이 좀 더 깊어질 수 있을 거예요.

우리는 계속해서 부모님의 도움과 보살핌을 받으며 살 수는 없습니다. 우리가 학교에 다니는 것은 어른이 될 준비를 하는 것이에요. 혼자 힘으로 세상을 살아가기 위해 준비할 것들 중 중요한 일이 직업과 진로를 잘 설정하는 것입니다. 이 책에 나오는 이야기를 따라 자신의 진로를 탐색하다 보면, 여러분의 꿈에 한 발짝 더 다가설 수 있을 거예요.

자, 그럼 '이솝 우화로 읽는 진로 이야기' 속으로 들어가 볼까요?

정형권

목차

〈1장〉

개미와
베짱이

왜 일을 해야 하는가?

일하게 된 베짱이

햇볕이 뜨거운 어느 여름날.

개미 가족이 열심히 일하고 있었어요. 더위에 지쳤지만 쉬지 않고 부지런히 먹이를 물어 날랐지요.

"자, 이쪽으로. 옳지, 좋아."

"다 함께 힘을 모아서 영차영차."

개미들은 자기 몸보다 더 큰 먹이도 여럿이 들어서 옮겼어요. 개미 집 창고에는 먹이가 차곡차곡 쌓여 갔어요.

며칠 후, 개미 가족은 집을 고치기 위해 모였어요.

"얘들아, 오늘은 집을 수리할 거야."

"아빠! 갑자기 왜 집을 고쳐요?"

"지금도 별로 문제없어 보이는데요?"

아이들은 일하기가 귀찮아서 아빠에게 싫은 표정으로 말했어요.

그러자 아빠 개미는 미소를 지으며 아이들에게 말했어요.

"머지않아 태풍이 올 텐데 세찬 비바람을 이겨 내려면 집 곳곳을 지금 수리해 놓아야 한단다. 미리 준비하지 않으면 집이 폭삭 무너질지도 몰라."

아빠의 말을 들은 아이들은 함께 작업을 시작했어요.

개미 가족이 한창 일하고 있는데 멀리서 베짱이가 바이올린을 연주하는 소리가 들렸어요. 시원한 그늘에서 연주하는 것이 베짱이의 주된 일과였지요.

베짱이는 비 오는 날은 비를 피해 큰 나무나 바위 밑에서 쉬고, 맑은 날은 바이올린 연주하며 시간을 보냈어요. 베짱이는 열심히 일하는 개미 가족을 보며 이런 생각이 들었어요.

'개미 가족은 날마다 열심히 일만 하네. 너무 재미가 없는 것 같아. 내가 세상 사는 재미를 알려 줘야지.'

베짱이는 일하고 있는 개미 가족에게 다가갔어요. 그리고 아빠 개미에게 말했어요.

"여보게, 너무 일을 많이 하는군. 좀 놀면서 해. 나처럼 음악도 즐기면서 말이야."

그러자 아빠 개미는 웃으며 말했어요.

"아, 나도 그러고 싶네. 하지만 추운 겨울이 올 때를 대비해야 해. 곧 닥칠 태풍도 대비해야 하고. 시간은 금방 지나가는 법이네. 자네도 지금 일하지 않으면 겨울에 크게 후회하게 될 거야. 음악은 겨울에 쉬면서 듣겠네."

"나는 지금처럼 음악을 연주하며 즐기겠네. 우리 가족은 음악을 아주 사랑한다네."

"가족과 생활하려면 지금도 일을 해서 돈을 벌어야 하지 않겠어? 집과 먹을 것이 충분해야 걱정이 덜한 법이지. 그런 다음에 음악이나 미술 활동도 할 수 있는 걸세."

개미는 베짱이에게 일을 해야 한다고 강조했어요.

14

"좋은 이야기지만 당분간은 연주를 하면서 보내겠네. 즐거운 것들을 포기할 수는 없어."

베짱이는 음악을 연주하는 것이 더 좋다 말하고 돌아갔어요.

어느새 날씨가 쌀쌀해지고 낙엽이 지는 가을이 왔어요. 조금 지나자 서리가 내리더니 찬바람이 쌩쌩 불기 시작했어요. 들판의 풀은 말랐고 나뭇잎도 다 떨어졌지요. 하늘에서는 눈이 내리고 온 세상이 꽁꽁 얼어 붙었어요.

베짱이 가족은 쉴 곳도 마땅치 않고 먹을 것도 없어서 여기저기 먹이를 구하러 다녔어요.

"아빠, 춥고 배고파요."

아이들은 울면서 말했어요.

"여보, 아무래도 안 되겠어요. 개미 식구에게 가서 부탁을 해 보는 게 어때요? 그 집은 가을까지 열심히 일해서 먹을 것이 많이 있을 거예요."

엄마 베짱이의 말을 들은 아빠 베짱이는 가족을 데리고 개미네 집으로 향했어요.

개미집에 도착한 베짱이는 문을 두드렸어요.

"실례합니다. 아무도 안 계세요?"

그러자 아빠 개미가 문을 열었어요.

"베짱이 가족이로군. 추운데 어서 들어오게나."

개미는 베짱이 가족에게 따뜻한 음식을 내주며 편히 쉬라고 말했어요.

베짱이는 미안한 마음에 열심히 일하지 않은 것을 후회했어요.

"자네가 여름에 나에게 일하라고 했을 때 그 말을 들었어야 했는데 너무 후회되는군. 우리 가족은 지금 갈 곳도 없고 먹을 것도 없다네."

그 말을 들은 개미는 베짱이를 위로해 주었어요.

"지금이라도 알게 되었으니 다행일세. 이번 겨울은 우리 집에 머물면서 지내도록 하게나."

"정말 고맙네. 그런데 개미네 가족은 겨울 동안 뭘 하며 지내나?"

"내년에 필요한 옷과 신발을 만들고, 관심 분야에 관한 공부를 한다네."

"우리 가족은 뭘 하면 좋을까?"

"베짱이 가족은 연주를 좋아하니까 바이올린 연주를 하면 어떨까?"

"여름 내내 연주만 하다 일을 안 해서 이렇게 고생하는데 또 연주를 하라고?"

"응, 연주를 하게. 그런데 이번에는 우리 개미 가족을 위해서 연주해 주게. 자네 가족이 겨울 동안 먹고 자고 생활하는 값이라고 생각하면 된다네."

"그러면 우리 가족도 일을 하게 되겠군?"

일을 할 수 있다는 말에 베짱이는 힘이 났어요.

"이럴 줄 알았으면 지난 계절에도 바이올린 연주로 일을 할 걸 그랬네."

"내년에는 정식으로 공연을 해 보게. 겨울 동안 실력을 닦으면 내년에는 많은 관객이 찾을 거야."

"그러면 내년에는 우리 가족도 일을 할 수 있겠군. 내가 좋아하는 것으로 일을 할 수 있다는 생각은 한번도 해 보지 못했다네. 고맙네."

베짱이는 겨울 동안 개미네 집에서 연주하며 내년을 준비했어요.

1. 진로 생각 ① : 일을 하면 좋은 이유

베짱이는 '일'이 싫어서 놀기에 바빴지만 개미는 열심히 일했습니다.

일을 하면 무엇이 좋을까요? 일을 하면 좋은 이유를 생각해 보세요.

일을 하면 좋은 이유	예 일을 하면 다른 사람에게 도움을 줄 수 있다. 일을 하면 돈을 많이 벌 수 있다.
	①
	②
	③
	④
	⑤

2. 진로 생각 ②: 일과 일이 아닌 것

베짱이는 겨울이 오기 전에도 연주를 했고, 겨울이 되어 개미 집에 왔을 때도 연주를 했습니다. 그런데 겨울이 오기 전의 연주는 일을 했다고 보기 어렵고, 개미 집에 와서 연주한 것은 일을 했다고 할 수 있습니다. 어떤 차이가 있을까요?

겨울이 오기 전 연주한 것	겨울에 개미 집에 와서 연주한 것

3. 진로 생각 ③ : 일 & 계획

베짱이 가족의 입장이 되어서 내년의 공연 계획을 세워 보세요. 아빠 베짱이라면 어떻게 일해서 돈을 벌고 싶은가요?

> **예** 극장을 빌려 정해진 날짜에 공연해서 사람들을 초대한다.

4. 진로 생각④ : 나에게 일은 어떤 의미가 있을까?

후배나 동생이 "나는 커서 일 안 하고 편하게 살 거야."라고 한다면, 동생에게 어떤 말을 해 주고 싶은가요? 베짱이와 개미의 이야기를 곁들여 설명해 보세요.

> 예 누구나 일을 해야 하는 거야. 그래야 혼자 힘으로 세상을 살아갈 수 있어. 일을 안 하고 놀기만 하면 베짱이처럼 후회하게 돼.

2장

토끼와 거북

재능과 노력

거북의 지혜와 토끼의 용기

달리기를 잘하는 토끼가 깡충깡충 뛰어가고 있었어요. 그러다 저 멀리 느릿느릿 걸어가는 거북이 보였어요. 토끼는 '심심했는데 잘됐군. 거북을 놀려 줘야겠다.'라고 생각했지요. 토끼는 거북에게 뛰어가 말했어요.

"느림보 거북아, 반갑다. 어디 가는 길이니?"

"친구 여우네 집에 가는 거야. 오늘 숙제를 함께 하기로 했거든."

"야, 그런데 그렇게 느려서 언제 도착하겠니? 네가 가는 동안에 나는 열 번도 왔다 갔다 할 수 있겠는걸."

토끼가 으스대자 거북이 말했어요.

"토끼야, 네가 달리기를 잘하는 건 알지만 너무 그렇게 자랑하지는 마. 길고 짧은 건 대봐야 알고, 앞날은 아무도 모른다고 했어."

"뭐라고? 아이고 웃겨. 너 지금 뭐라고 했어? 길고 짧은 건 대봐야 안다고? 너 혹시 네가 나를 이길 수 있다고 생각하는 거야? 너무 현실을 모르는 거 아니니? 웃겨서 정말 말이 안 나온다."

"물론 네가 달리기 잘하는 건 맞아. 하지만 장거리를 하게 되면 어떻게 될지 모르지."

"좋아, 네가 장거리를 해 보고 싶다니 한번 경주를 해 보자. 내일 수업 마치고 동네 입구 느티나무 밑에서 만나자."

토끼는 거북의 코를 납작하게 해 주겠다고 마음먹었어요.

다음 날, 토끼와 거북은 느티나무 밑에서 만났어요.

"안녕, 친구야. 안 나올 줄 알았는데 정말 나왔구나?"

토끼는 거북을 비웃으며 말했어요.

"당연하지. 오늘 나의 실력을 보여 줘야 하는데 왜 안 나오니?"

거북은 진지한 표정으로 대답했어요.

"좋아. 네가 그렇게 원하니 도전을 받아 주마. 그 대신 네가 나한테 진 거 애들한테 다 소문낼 거야. 그래도 괜찮지?"

"응, 괜찮아. 정정당당하게만 하자."

"그럼, 도착 지점을 정해 보자. 어디까지 달리면 좋을까?"

"학교 앞에 있는 산꼭대기의 소나무로 하면 어떨까?"

거북은 멀리 떨어진 산의 꼭대기를 가리켰어요. 토끼는 속으로 '저기까지 가려면 거북은 정말 시간 많이 걸리겠는걸. 또 오르막이 있어서 거북이 가기에는 힘에 부치겠군.' 하고 생각했어요.

"나는 괜찮아. 금방 다녀올 수 있어. 너만 잘하면 돼."

토끼는 자신만만하게 말했어요.

"좋아, 오늘 나의 달리기 실력을 제대로 보여 줄게."

거북도 지지 않고 대답했어요.

마침내 둘은 목적지를 향해 달리기 시작했어요.

먼저 토끼가 앞서기 시작했어요. 토끼는 기다란 다리를 이용하여 성큼성큼 앞으로 나갔어요. 거북도 열심히 달리기 시작했어요. 하지만 토끼와 거북의 차이가 금방 벌어졌어요.

멀리서 이 광경을 지켜보던 까치가 다람쥐에게 이야기했어요.

"이번 게임은 누가 봐도 토끼가 이기겠구나. 도대체 거북은 무슨 생각으로 토끼에게 달리기 시합을 제안한 걸까?"

"그러게 말이야. 나하고 시합을 했어도 내가 거북을 이겼을 텐데. 나보다 더 다리가 길고 튼튼한 토끼랑 게임을 하다니, 결과는 보나 마나일 것 같아."

다람쥐도 까치의 말에 맞장구를 쳤지요.

"하지만 열심히 달리는 거북을 봐. 달리기 실력은 토끼가 뛰어날지 몰라도 거북은 끈기가 있고 성실해."

까치는 거북을 응원하며 말했어요.

열심히 뛰어가던 토끼는 뒤를 돌아봤어요. 거북의 모습이 희미하게 보였어요.

'아, 거북은 한참 뒤에나 오겠군. 일단 첫 번째 고개를 넘자.'

토끼는 첫 번째 고개를 넘었어요. 고개를 넘자 시원한 바람이 불어왔지요.

'상쾌한 바람이군. 정말 시원하다. 어서 목적지에 도착해서 느림보 거북을 비웃어 줘야겠다.'

조금 지나자 길가에 기다란 의자가 보였어요. 널찍해서 잠깐 쉬기에는 안성맞춤이었지요.

'거북이 오려면 아직 멀었는데 여기서 좀 쉬었다 가자. 이제 다음 고개만 넘으면 되니까 쉬는 것도 나쁘지 않겠지.'

토끼는 의자에 앉았어요. 그런데 피곤이 몰려와 결국 의자에 누워서 눈을 감았어요.

'잠깐만 자고 가도 되겠지.'

토끼는 깊은 잠에 빠지고 말았지요.

얼마 후 바람 소리에 토끼가 잠에서 깼어요.

'아, 참 잘 잤다. 피로가 확 풀리는걸.'

토끼는 기지개를 켜며 일어났어요. 그리고 거북이 어디쯤 오고 있는 지 찾아보았지요. 그런데 거북이 보이지 않았어요.

'이상하다. 거북이 아직도 안 나타나다니?'

그때 산꼭대기를 바라보던 토끼는 깜짝 놀라고 말았어요. 거북이 산 꼭대기 나무 근처에 가고 있는 것이 보였어요.

'앗, 큰일 났다. 너무 오래 잤는걸.'

토끼는 전속력으로 달렸어요. 하지만 거북이 꼭대기에서 토끼를 기 다리고 있었지요.

"토끼야, 지금 오니? 내가 길고 짧은 건 대봐야 안다고 했지?"

토끼는 부끄러워 어쩔 줄을 몰랐어요.

"올라올 때는 방심해서 졌지만 내려갈 때는 내가 더 빨리 갈 수 있어."

토끼는 자존심이 상해서 거북에게 다시 시합하자고 제안했어요.

"좋아, 내려가기도 시합을 해 보자. 이번에는 산 입구의 큰 바위까지 가는 거야."

거북도 토끼 의견에 동의했어요.

이번에도 토끼가 먼저 앞서 나갔어요. 그런데 거북이 다리를 모두 감추더니 몸을 둥그렇게 만들었어요. 그러고는 몸을 굴렸지요. 거북은 데굴데굴 바위를 향해 빠른 속도로 내려가기 시작했어요.

토끼가 숨을 헐떡거리며 바위에 도착했을 때, 바위 위에는 거북이 웃으며 앉아 있었어요.

토끼는 거북을 보고 깜짝 놀랐어요.

"아니, 어떻게 이렇게 빨리 왔지?"

"내 등의 딱딱한 껍질을 이용해서 왔지."

"거북아, 너는 끈기 있고 성실하면서 지혜도 있구나. 어제 무시하는 말을 해서 정말 미안해. 내가 내 다리만 믿고 너무 교만했어."

토끼는 거북에게 사과했어요.

"잘못을 인정하고 사과하는 것도 용기가 필요해. 넌 용기를 가졌고, 자신을 돌아보고 반성하는 힘을 가지고 있어."

거북은 토끼의 용기 있는 행동을 칭찬해 주었어요.

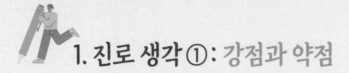

1. 진로 생각 ①: 강점과 약점

토끼와 거북은 강점과 약점을 가지고 있습니다. 둘의 강점이나 약점, 장·단점을 비교해 보세요.

	장점 또는 강점	단점 또는 약점
토끼	예 길고 빠른 다리를 가지고 있다.	
거북	예 성실하고 끈기 있다.	

2. 진로 생각 ② : 이기는 방법

만약에 까치와 다람쥐가 토끼와 거북에게 육지에서 저 멀리 보이는 섬까지 먼저 도착하는 동물이 이기는 게임을 제안했는데 둘이 받아들였다면, 토끼는 어떻게 해야 거북을 이길 수 있을까요?

바다에서 불리한 토끼가 이길 수 있는 방법을 생각해 보세요.

토끼가 이기는 방법	예 배를 만들어서 타고 간다.

3. 진로 생각 ③ : 재능과 노력

뛰어난 재능을 가지고 있더라도 게으르거나 노력을 하지 않으면, 재능이 부족하더라도 노력을 많이 하는 사람에게 뒤처질 수 있습니다. 자신의 재능을 생각해 보고, 어떤 노력을 하면 좋을지 생각해 보세요.

나의 재능	노력할 일
예 요리를 잘한다.	예 엄마가 요리하실 때 도와드리면서 배운다.
예 수학을 잘한다.	예 매일 30분 이상 수학 공부를 하고, 어려운 문제에 도전한다.

4. 진로 생각④ : 재능과 노력은 어떤 관계가 있을까?

요리를 잘하는 친구가 "나는 요리사가 되고 싶은데 아무래도 재능이 부족한 것 같아. 요리사는 포기하고 다른 일을 알아봐야겠어."라고 말한다면, 친구에게 어떤 조언을 하고 싶은가요? 친구가 포기하지 않고 더 노력할 수 있도록 도움이 되는 이야기를 해 주세요.

예 너는 요리에 재능이 있으니까 조금만 노력해도 다른 사람보다 훨씬 더 실력이 좋아질 거야. 포기하는 것은 옳지 않아.

<3장>

늑대와
양치기
성실하게 일하기

양 떼를 보호하는 법

마을에서 멀리 떨어진 곳에 양을 치는 목동이 있었어요. 이 소년은 매일 양을 돌보며 지내고 있었지요. 양들이 순해서 그런지 별 탈 없이 지낼 수 있었어요. 양들이 풀을 뜯는 동안 소년은 할 일이 없어서 산과 들을 돌아다니거나 낮잠을 자기도 했지요.

어느 날 낮잠을 자던 소년은 목장 주인에게 혼이 났어요.

"어서 일어나거라. 지금 잠을 자면 어떻게 하니?"

"죄송합니다. 깜빡 잠이 들었어요."

"이 근처에 늑대가 나타나서 농부들이 키우는 짐승들을 잡아가는 일이 생기고 있다더구나. 네가 자는 동안 늑대가 양들을 잡아갈 수도 있어."

"네, 조심해서 잘 살피도록 하겠습니다."

소년은 연신 고개를 숙이며 주인에게 잘못을 빌었어요.

"혹시라도 늑대가 나타나면 소리를 질러 도움을 요청하거라. 그러면 마을 사람들이 금방 달려와서 도와줄 거야."

주인은 멀리 들판에서 일하는 농부들을 가리키며 말했어요.

"그리고 졸리거나 심심할 때는 산책을 하거나 책을 읽거라. 그러면 졸리지 않을 거야. 만약 네가 잠이 들면 늑대에게 양을 뺏길 수도 있고, 양들이 다른 곳으로 달아날 수도 있어. 네가 할 일은 양을 잘 지키고 잘 먹이는 것이야."

"네, 잘 알겠습니다."

주인이 돌아가고 소년은 열심히 양을 지켰지요. 하지만 며칠이 지나자 금방 따분해졌어요.

'아, 너무 심심하다. 뭐 재미난 일 없을까?'

소년은 책을 보려고 했지만 책을 펴자마자 졸음이 몰려왔어요.

'너무 졸린걸… 어떡하지?'

졸음을 이기기 위해 소년은 산책을 했어요. 조금 걷다가 마을 쪽을 바라보니 동네 사람들이 일하는 모습이 보였어요. 그 모습을 보다가 재미있는 생각이 떠올랐지요.

'그래, 주인 아저씨가 말한 걸 한번 해 봐야겠다. 늑대가 나타났다고

소리치면 정말 사람들이 오는지 시험해 보자.'

소년은 마을을 향해 소리쳤어요.

"늑대다. 늑대가 나타났다! 늑대다. 늑대가 나타났다!"

목이 터져라 외쳤더니 사람들이 일하다 말고 소년이 있는 곳으로 달려오기 시작했어요. 그 광경을 보던 소년은 너무 재미있기도 하고 신기하기도 했어요.

이윽고 동네 사람들이 도착해서 숨을 헐떡이며 소년에게 말했어요.

"늑대가 나타났다고? 늑대는 어디 있니?"

"양을 잃어버리지는 않았니?"

사람들은 걱정이 되어 소년에게 물었어요.

"사실은 거짓말이에요. 제가 심심해서 한번 소리를 질러 본 거예요."

소년의 말을 들은 농부들은 깜짝 놀랐어요.

"애야, 그런 거짓말을 해서는 안 되는 거란다."

"바쁜 일을 놔두고 이렇게 달려왔는데, 거짓말을 하면 안 되지."

"너, 혼 좀 나야겠다. 어디서 그런 거짓말을 배운 거냐?"

어른들은 꾸지람을 하며 소년에게 주의를 주었어요.

"죄송합니다. 이제 거짓말 안 할게요."

소년은 거듭 고개를 숙이며 사과했어요.

다시 며칠이 지났어요. 한가한 오후가 되자 소년은 또다시 심심하고 졸리기 시작했어요.

'너무 심심한걸. 늑대가 왔다고 한번 더 소리치면 어떻게 될까? 이번에도 사람들이 달려올까? 한번 시험해 봐야겠다.'

소년은 사람들이 일하는 곳을 향해 또 소리를 질렀어요.

"늑대다. 늑대가 나타났다! 늑대다. 늑대가 나타났다!"

소리를 듣자 사람들은 일하던 농기구를 팽개치고 소년이 있는 곳을 향해 달리기 시작했어요. 그 모습을 보던 소년은 너무 재미있어 배를 움켜잡고 웃었어요.

'저 모습을 좀 봐. 아무것도 모르고 헐레벌떡 뛰어오다니. 정말 바보 같군.'

잠시 후 어른들이 도착해서 소년에게 물었어요.

"애야, 늑대는 어디 있니?"

"다친 데는 없니?"

"죄송해요. 너무 심심해서 장난으로 한번 해 본 거예요."

"뭐라고? 또 거짓말을 했다고?"

"너 정말 큰일 낼 녀석이구나. 혼이 나야겠어."

"두 번씩이나 같은 거짓말을 하다니 이제 네 말은 진짜 믿을 수가 없겠구나."

어른들은 화를 내면서 돌아갔어요.

또 며칠이 지났어요. 소년은 한가로이 양들을 지켜보고 있었지요. 조금 떨어진 한 무리의 양 떼를 보다가 깜짝 놀라고 말았어요. 늑대 세 마리가 양 떼를 향해 달려오고 있었던 거예요. 이러다 양들이 늑대에게 잡아먹힐 것 같았어요. 큰일 났다고 생각한 소년은 마을 사람들을 향해 힘껏 소리를 질렀어요.

"늑대다. 늑대가 나타났다! 늑대다. 늑대가 나타났다!"

그런데 농부들은 소리를 듣고도 계속 일만 하고 소년 쪽으로는 아무도 달려오지 않았어요. 소년은 다시 한번 소리를 질렀어요.

"늑대다. 늑대가 나타났다! 늑대다. 늑대가 나타났다!"

하지만 사람들은 들은 체도 않고 일을 계속했어요.

결국 세 마리의 양이 늑대에게 잡아먹히거나 죽고 말았어요.

소년은 실의에 빠져 울고 말았어요.

‘큰일 났구나. 어쩌면 좋지. 거짓말을 하다 보니 아무도 내 이야기를 들어주지 않았어.’

그때 양 떼 주인이 나타났어요.

"얘야, 양 떼를 잘 지키라고 했더니 세 마리나 잃어버렸구나. 너는 네 일에 충실하지 못했어. 너는 해고 사유가 충분해. 이게 다 너의 거짓말에서 시작됐어. 왜 사람들에게 거짓말을 했지?"

"죄송합니다. 따분하고 심심해서 그랬어요."

"네가 시간을 창조적으로 잘 사용했다면 이런 일은 일어나지 않았을 거야. 지금부터는 시간이 날 때마다 늑대로부터 양을 지키는 법을 연구해야 해. 그리고 양 떼를 효과적으로 기르고 잘 키우는 법을 알아보거라. 일주일의 시간을 줄 테니 방법을 알아내고 공책에 잘 정리해서 보고서를 제출하도록 해라. 너를 해고할지 말지는 보고서를 보고 판단하마."

"네, 잘 알겠습니다."

소년은 틈나는 대로 연구를 계속했어요. 일주일이 지나자 소년은 주인 아저씨에게 보고서를 제출했지요. 보고서의 제목은 이랬어요.

'양 떼를 늑대로부터 지키고 잘 기르는 법'

보고서를 읽은 주인은 소년을 크게 칭찬했어요.

"열심히 연구했구나. 좋은 내용이 많아. 이제 이 방법대로 실천해 보자. 이대로만 한다면 목장이 크게 발전하겠는걸. 앞으로 새로운 마음으로 더 열심히 일하도록 해라."

계속 일할 수 있게 되어서 소년은 기뻤어요.

"네, 감사합니다. 열심히 연구하다 보니 시간이 금방 흘렀어요. 지루하거나 따분하지도 않았고요."

소년은 웃으며 말했어요.

1. 진로 생각 ① : 주어진 일

양치기 소년이 본래 해야 할 '일'은 무엇이었나요? 목장 주인이 소년에게 하라고 한 '일'은 무엇이었나요?

2. 진로 생각 ② : 양 떼를 지키고 잘 기르는 법

소년의 입장이 되어 '양 떼를 늑대로부터 지키고 잘 기르는 법'에 대한 보고서를 써 보세요.

양 떼를 늑대로부터 지키고 잘 기르는 법

①

②

③

④

⑤

⑥

⑦

---

3. 진로 생각③ : 내가 해야 할 일

소년은 자신에게 주어진 일에 최선을 다하지 못했습니다. 자신이 맡은 일을 성실하게 하는 것이 직업을 가진 사람이 해야 할 가장 기본적인 의무입니다. 지금 내가 해야 할 일은 무엇이며, 얼마나 성실하게 하고 있는지 적어 보세요.

예 지금 내가 해야 할 일은 공부를 열심히 하는 것인데, 영어는 성실하게 하는 편이지만 나머지는 그렇지 못하다. 독서를 좀 더 성실하게 하고 싶다.

4장

황금알을 낳는 암탉

정기 소득 만들기

황금알을 낳는 사업

한 농부가 암탉 한 마리를 키우고 있었어요. 살이 통통하고 몸집이 좀 큰 편이긴 했지만 다른 닭들과 별 차이는 없었지요. 그런데 이 암탉에게는 보통의 닭들과 다른 한 가지 비밀이 있었는데, 바로 황금알을 낳는다는 것이었어요. 매일 아침 정해진 시간에 닭장 한구석에 황금알을 낳았는데, 농부는 그 시간을 늘 손꼽아 기다렸지요.

어느 날, 농부는 암탉이 황금알을 낳는 이유가 몹시 궁금해졌어요.
'특별히 다른 음식을 주는 것도 아닌데, 어떻게 황금알을 낳는 걸까? 한번 제대로 관찰해 보자.'

농부는 온종일 암탉을 따라다니며 무엇을 먹는지 지켜봤어요.

'분명히 다른 것을 먹을 거야. 혹시 금가루 같은 것을 먹을지도 몰라. 만약에 우리 닭이 그런 기술을 가지고 있다면 이건 정말 대사건이야.'

호기심과 흥분으로 가득 찬 농부는 계속 암탉을 지켜봤어요. 하지만 암탉은 다른 닭들이 먹는 것 말고 다른 것을 먹지는 않았어요.

'정말 알 수 없는 일이군. 도대체 무엇을 먹기에 저렇게 황금알을 낳는단 말인가?'

암탉이 먹는 것이 보통의 닭들과 다르지 않았기 때문에 먹이에 들어가는 돈도 많지 않았지요.

'먹는 건 다른 닭과 비슷한데 황금알을 낳다니. 이거 정말 많이 남는 장사인데!'

농부는 이런 생각을 하며 기분 좋은 하루하루를 보냈어요.

그래도 황금알을 낳는 암탉이니 관리를 더 잘해야 했어요. 집도 크고 넓게 지어 주고, 잠자리도 따뜻하게 해 주었어요. 닭을 지킬 개도 한 마리 구했어요. 집 밖에 튼튼한 담을 쌓고 대문에 철문을 달아, 닭이 함부로 밖으로 나가거나 도둑이 들어오는 것을 방지했지요.

황금알을 보관할 튼튼한 금고도 마련했어요. 농부는 매일 금고를 열어 보며 기분이 좋아졌어요.

'이제 난 곧 부자가 되겠군. 내년에는 집도 새로 짓고 건넛마을에 있는 땅도 사야겠어. 거기에 밀 농사를 대규모로 지어야지. 그러면 이 동네에서는 내가 제일가는 부자가 될 거야.' 농부는 흐뭇한 미소를 지었어요.

그러던 어느 날, 농부는 닭과 개에게 줄 사료를 사기 위해 시장에 갔어요. 이리저리 물건들을 둘러보며 필요한 것들을 샀어요. 황금알 덕분에 돈 걱정을 하지 않고 물건을 살 수 있었지요.

'예전 같으면 물건 살 때마다 고민했을 텐데, 이젠 그러지 않아도 되니 정말 좋구나.'

농부는 저절로 어깨가 으쓱하고 올라갔어요.

점심때가 되어 식당으로 발을 옮기는데 낯익은 사람이 아는 체를 했어요. 그 사람은 농부의 오랜 친구였지요. 그런데 그 친구는 예전에는 가난했지만, 지금은 큰 부자가 되어 있었어요.

"친구, 오랜만이군. 그런데 자네 정말 보기 좋아졌네. 무슨 좋은 일이라도 있었던 건가?"

"하던 장사가 잘 되어서 큰돈을 벌 수가 있었네. 덕분에 가난을 청산하여 큰 집으로 이사하고, 마차도 최고급으로 바꿨다네."

친구의 마차는 다른 마차보다 훨씬 좋아 보였어요. 농부는 마차 곁으로 가 자세히 살펴보았어요.

"말이 정말 훌륭해 보이는군. 마차도 튼튼해 보이고. 이런 건 많이 비싸겠지?"

농부는 몹시 부러워하며 물었어요.

"이 마차는 특별히 주문한 거라네. 그래서 똑같은 마차는 없다고 봐야지. 시중에서 구할 수 있는 마차가 아니야."

친구는 한껏 뽐내며 말했어요.

농부는 친구가 부자가 된 비결을 물었어요.

"그런데 자네 어떻게 그렇게 큰돈을 벌었는가? 내게도 비결을 좀 알려 주게."

"돈을 벌려면 장사를 해야 해. 자네처럼 농사만 짓고 있으면 큰돈을 벌기는 영영 틀린 거라네. 나는 도시에 가서 물건을 싸게 많이 사다가 좀 더 비싼 가격에 팔았다네. 물건을 하나 팔 때마다 열 배 이상의 이익을 남겼네. 그러니 금방 재산이 늘어났지."

"그러면 앞으로도 돈을 더 많게 벌게 되겠군. 그렇지?"

농부는 친구에게 바짝 다가가며 물었어요.

"그렇게 되겠지. 내가 곧 이사할 집은 이곳 시장과 마을을 다 합친 것보다 크다네. 기르는 개만 해도 스무 마리가 넘지. 개들 이름 외우는 것도 힘이 든다네."

친구는 크게 웃으며 말했어요.

농부는 문득 자신이 초라하게 느껴졌어요. 아침에 집을 나설 때 의기양양하던 모습은 어느새 사라지고 말았지요. 자신도 어서 부자가 되었으면 좋겠다고 생각했어요.

"이보게 친구, 부자가 되려면 지금부터라도 장사를 해 보게. 내가 방법을 알려줄 테니 나를 따라다니며 장사를 배워 보지는 않겠나?"

농부는 친구의 말에 자기도 황금알을 낳는 암탉이 있다는 말을 하려다 꾹 참았어요.

집으로 돌아온 농부는 일이 손에 잡히지 않았어요. 친구의 마차와 그가 했던 말이 자꾸 떠올라 집중할 수가 없었지요.

'나도 빨리 부자가 되어야 할 텐데. 어떻게 하면 좋지?'

해가 뉘엿뉘엿 넘어가고 마침 암탉이 울었어요.

'아차, 닭에게 밥을 줄 시간을 깜빡했군.'

농부는 암탉에게 밥을 주러 갔어요. 닭이 먹는 모습을 보며 농부는 생각에 잠겼어요.

'저 닭이 황금알을 하루에 여러 개씩 낳는다면 나도 금방 부자가 될 수 있을 텐데….'

그렇지만 암탉은 알을 하루에 한 개씩만 낳았으니, 어쩔 수가 없었지요.

어깨가 축 늘어져 방으로 돌아온 농부는 할 일도 잊고 또 고민했어요.

'나도 정말 장사를 시작해 볼까?'

'암탉이 황금알을 여러 개 낳으면 금방 문제가 해결될 텐데….'

그러다 기발한 생각이 떠올랐어요.

'그래, 바로 그거야! 암탉의 배에는 황금이 많이 들어 있을 테니 한꺼번에 꺼내면 나는 금방 부자가 될 수 있을 거야.'

농부는 당장 닭장으로 달려갔지요. 농부가 암탉을 잡으려고 하자 아내가 말렸어요.

"황금알을 낳는 닭을 왜 잡아요? 시간이 지나면 저절로 부자가 될 수 있는데. 제발 그만두세요."

"내가 성격이 좀 급해서 말이야. 난 당장 부자가 되어야겠소."

그리고는 닭을 잡아서 배를 갈랐어요. 하지만 암탉의 배 속에 황금은 없었어요. 다른 닭들과 별다를 게 없었지요. 농부는 눈앞이 캄캄했어요.

'이런, 황금이 없잖아. 다른 닭들과 별다를 게 없다니…. 그럼 이제 나는 어떻게 한단 말인가?'

농부는 자신의 어리석음을 한탄했어요.

'내가 너무 어리석었구나. 매일 하나씩 꼬박꼬박 나오는 황금알만 잘 모아도 부자가 될 수 있었을 텐데, 지나친 욕심으로 일을 그르치고 말았구나.'

농부는 후회의 눈물을 흘렸어요.

며칠 후 저녁, 실의에 빠져 있는 농부에게 아내가 말했어요.

"여보, 황금알을 낳는 닭을 잃었지만, 우리가 얻은 게 있어요."

"그게 무엇이오?"

농부가 눈을 동그랗게 뜨고 물었어요.

"매일 꾸준히 모으는 돈이 부자를 만들어 준다는 것을 배운 거예요. 집에 남아 있는 황금알로 병아리를 사서 닭을 키우고 달걀을 팔면 큰 수익을 남길 수 있어요. 이제 그것이 우리의 황금알을 낳는 제2의 사업이 될 거예요."

아내의 말을 듣고 농부는 새로운 사업에 도전했어요.

1. 진로 생각 ① : 감사한 것들

농부가 암탉을 잡은 것은 시장에서 부자 친구를 만나 마음이 흔들렸기 때문입니다. 농부에게도 황금알을 낳는 암탉이 있었지만 그것의 소중함을 잊고, 그만 암탉의 배를 가르고 말았습니다. 친구의 말을 듣고 자신도 부자가 빨리 되고 싶어서, 자신이 가진 것에 대해 감사한 마음을 잊은 것입니다. 내가 가진 감사한 것들을 찾아 적어 보세요.

내가 가진 감사한 것들

① **예** 건강하게 학교에 다닐 수 있어 감사하다.

②

③

④

⑤

⑥

⑦

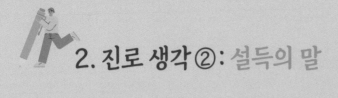

2. 진로 생각 ② : 설득의 말

농부가 암탉의 배를 가르기 전에 아내가 잘 설득했다면 닭을 지킬 수
도 있었습니다. 농부를 설득하는 말을 생각해 보세요.

농부로부터 닭을 지키기 위한 설득의 말

① **예** 며칠만 있으면 금고가 다 찰 텐데 그때 닭을 답읍시다.

②

③

④

⑤

3. 진로 생각 ③ : 좋은 사업 아이디어

농부의 아내는 병아리를 많이 사서 닭으로 키워 달걀 판매 사업을 하자고 제안했습니다. '나'라면 어떤 사업을 제안했을까요?

농부에게 추천할 좋은 사업 아이디어

① **예** 병아리 분양 사업 - 병아리를 대량으로 분양하면 괜찮은 사업이 될 것 같다.

②

③

〈5장〉

은혜 갚은
생쥐

위기와 기회

강점이 된 약점

어느 한가한 오후, 사자가 사냥을 마치고 나무 그늘로 들어왔어요. 피곤한 몸을 쉬면서 낮잠을 잘 생각이었지요.

'음, 여기서 잠을 좀 자야겠군.'

사자는 얼마 되지 않아 깊은 잠에 빠져들었어요.

그때 근처를 지나던 생쥐 한 마리가 사자 곁으로 다가왔어요. 생쥐는 사자의 털이 푹신해 보였어요.

'저건 뭐지? 되게 푹신해 보이는걸. 저기서 좀 놀아야겠다.'

푹신한 털의 주인이 사자라는 사실도 모르고 생쥐는 사자의 몸 위로 쪼르르 올라갔어요. 사자의 털은 지금까지 한번도 경험하지 못한 편안함과 푹신함을 가지고 있었어요.

'오, 이런 느낌은 처음이야. 너무 부드러운데.'

생쥐는 사자의 몸을 여기저기 누비고 돌아다녔어요. 사자의 등을 타고 미끄럼 타기도 해 봤지요. 너무나 신나고 재미있었어요.

재미와 기쁨에 취해 생쥐는 소리를 지르며 깡충 뛰었어요.

"우와! 정말 재밌다."

그러자 사자가 잠에서 깼어요.

'뭐야? 어떤 녀석이 내 잠을 방해하는 거야?'

사자는 잔뜩 화가 나서 일어났어요.

생쥐는 사자가 몸을 일으키자 엄청난 크기를 보고 깜짝 놀랐어요. 사자는 생쥐를 잡아 움켜쥐고 말했어요.

"넌, 누구냐? 이 생쥐 녀석아, 감히 내 잠을 방해하다니. 네가 겁이 없구나."

놀란 생쥐는 몸을 바짝 숙이고 말했어요.

"아이고, 죄송합니다. 제가 동물의 왕을 못 알아보고 엄청난 실수를 저질렀습니다. 이번 한번만 용서해 주십시오. 그리고 저는 너무 작아서 먹어도 배가 부르시지 않을 거예요. 또 만약에 저 같은 작은 짐승을 먹었다고 소문이 나면 사자님의 명성에도 좋지 않은 일이 될 것입니다. 부디 자비를 베풀어 주세요."

"하하, 조그만 녀석이 말은 제법 잘하는구나. 내 앞에서 당황하지 않고 말을 하다니 나중에 크게 될 녀석이로군."

사자는 웃으며 말을 했어요.

"만약 이번에 저를 살려 주신다면 제가 그 은혜는 꼭 갚겠습니다."

"뭐라고? 네가 나에게 은혜를 갚는다고? 네가 무슨 재주로 나를 도와 준다는 말이야? 네 꿈이 아주 야무지구나."

사자는 생쥐의 말이 귀여울 따름이었어요.

"제가 비록 사자님만큼의 몸집과 사냥 기술을 갖지는 못했지만, 저도 제 나름의 장점과 재능이 있습니다. 살다 보면 언젠가 누구나 어려움을 겪기 마련입니다. 훗날 제가 사자님에게 도움이 되는 날이 반드시 있을 것입니다."

"오냐, 그런 일이 있을지 모르겠지만 너의 말하는 모습이 대견스러워 너를 살려 주겠다. 어서 가족에게 가 보거라."

마침내 생쥐는 풀려났어요.

집으로 돌아온 생쥐는 낮에 있었던 일을 엄마에게 말했어요. 이야기를 듣고 엄마 쥐는 생쥐에게 말했어요.

"큰일 날 뻔했구나. 이번에 사자가 네 목숨을 살려 줬으니 다음엔 꼭 갚도록 해라. 한술 밥의 은혜도 갚아야 하는 법이다. 나중에 네가 사자에게 도움을 주면 이제 사자와 너는 친구 같은 관계도 될 수 있단다."

"그런데 정말 제가 사자를 도울 기회가 올까요?"

"그럼, 당연하지. 우리의 작은 몸은 빠르고 날렵한 장점이 있고, 날카로운 이빨은 집의 기둥도 무너뜨리지. 잊지 말아라. 약점은 강점이 될 수 있단다."

엄마의 말을 듣고 생쥐는 다음에 사자를 만나면 꼭 도움을 주어야겠다고 생각했어요.

시간이 흘러 어느 날, 사자는 길을 걷고 있었어요. 마침 배가 고파서 사냥할 동물을 찾고 있었지요. 그때 눈앞에 사슴 한 마리가 보였어요.

'옳거니, 잘됐다. 사슴을 잡아서 배를 채워야겠다.'

사자는 사슴을 향해 전력 질주를 했어요.

그런데 사슴을 막 잡으려던 찰나, 땅이 꺼지면서 바닥으로 주저앉고 말았어요. 그것은 사냥꾼이 파놓은 함정이었어요. 사자는 커다란 그물에 걸려 빠져나올 수가 없었지요. 그물에서 빠져나오려고 할수록 몸은 더 그물에 감기고 말았어요.

'이런, 꼼짝없이 잡히고 말았구나.'

사자는 조심하지 않은 자신을 원망하며 자포자기하고 말았어요.

그때 지나가던 생쥐가 그물에 걸린 사자를 발견했어요.

"앗, 사자님! 조금만 기다리세요. 제가 구해 드릴게요."

생쥐는 재빠르게 함정으로 내려가 사자를 옭아맨 그물을 물어뜯었어요. 날카로운 생쥐의 이빨에 그물이 끊어지기 시작했어요. 생쥐는 땀을 흘리며 그물 끊는 일에 몰두했지요.

마침내 그물 속에서 사자가 빠져나올 수 있게 되었어요.

"고맙다, 생쥐야. 덕분에 그물에서 빠져나올 수 있었구나."

"제가 뭐랬어요? 언젠가 은혜를 갚는다고 했었죠?"

"그래, 작고 어리다고 무시해서 미안하구나. 우리 집에 가서 식사하면서 이야기를 나누자꾸나."

사자는 생쥐를 집에 초대했어요.

동물의 왕답게 사자의 집은 크고 화려했어요. 생쥐는 휘둥그레진 눈으로 여기저기 두리번거리며 방으로 들어갔어요. 함께 저녁을 먹으며 사자는 생쥐에게 말했어요.

"생쥐야, 너는 몸이 작고 나이는 어리지만 빠른 판단력과 실천력을 가지고 있다. 이번 일을 겪으면서 내가 한 가지 깨달은 것이 있다. 몸이 크고 힘이 세다고 자만해서는 안 되고, 나이가 적고 몸이 작은 동물에게도 얼마든지 배울 것이 있고 도움을 받을 수 있다는 것이지. 네가 자주 이곳에 와서 나에게 너의 지혜를 전해 주렴."

"네? 제가요?"

생쥐는 놀라서 물었어요.

"놀랄 것 없다. 너는 똑똑하기도 하지만 두려움을 이겨내는 용기도 가지고 있다. 너는 자신의 말에 책임을 질 줄 안단다. 이곳에 와서 나를 보좌하는 일을 하도록 해라. 너에게 특별 고문 역할을 맡기려 하니 부디 사양하지 말아라."

"특별고문은 어떤 일을 하는 건가요?"

"내가 궁금하거나 해결하고 싶은 일이 생기게 되면 너에게 물어볼 것이다. 그러면 너는 잘 생각해서 네 의견을 나에게 말해 주면 되는 거란다."

"네, 알겠습니다. 부족하지만 열심히 해 보겠습니다."

생쥐는 이제 사자의 특별 고문이 되었어요. 사자에게 받은 은혜를 갚음으로써 생각지도 못한 일자리를 얻게 된 것이지요. 생쥐는 생각했어요.

'내가 베푸는 것은 결국 나에게 돌아오게 되는구나. 기회는 위기와 함께 오는 거야.'

1. 진로 생각 ① : 위기를 기회로 만든 사례

생쥐는 사자에게 은혜를 갚았습니다. 그 결과 특별 고문이라는 일자리를 얻었습니다. 위기에는 기회가 숨어 있습니다. 내가 알고 있는 '위기를 기회로 만든 사례'를 말해 보세요.

위기를 기회로 만든 사례

예 덴마크는 전쟁에 패배하고 황무지만 남았었는데, 열심히 나무를 심고 가꾸어 옥토로 만들었다.

①

②

③

2. 진로 생각 ② : 상장 만들기

생쥐는 사자의 생명을 구해 주어 초대를 받았습니다. 사자가 초대받은 생쥐에게 상장을 준다면, 어떤 내용이 들어가면 좋을까요? 상장을 꾸며 보세요.

예 부문: 동물의 왕 지킴이, 이름: 새콤달콤 생쥐.
사자의 도장도 그려 넣으세요.

상 장

부문:
이름:

귀하는 평소 투철한 사명감으로

_____

_____ 한

공이 크므로 이 상장을 수여함.

년   월   일
동물의 왕 사자

---

3. 진로 생각 ③ : 맡길 일

사자는 생쥐의 강점과 특성을 고려해 특별고문 자리를 제안했습니다. 만약 내가 사자라면 생쥐에게 어떤 일을 맡겼을까요?

내가 사자라면 생쥐에게 맡길 일

생쥐에게 맡길 일: **예** 동물의 왕국 뉴스 진행

그렇게 생각하는 이유: **예** 말을 잘하고 귀엽게 생겨서 믿음을 줄것 같아서

〈6장〉

숯 가게와 세탁소
홍보와 마케팅

숯장수는 홍보의 달인

　어느 산골 마을에 숯장수가 살고 있었어요. 숯장수는 커다란 참나무를 베어다가 숯을 만들어 시장에 내다 팔고 있었지요. 그의 집에는 나무 창고와 숯을 굽는 작업장이 있었어요. 시장에 내다 팔고 남은 숯은 동네 사람들과 이웃 마을에 팔았어요.

　숯장수는 질이 좋은 나무를 골라 적당한 온도에 구워 품질 좋은 숯을 생산했어요. 그래서 그의 숯 가게에는 마을 사람들이 많이 찾아왔어요.

　숯장수는 얼굴에는 까만 숯이, 옷에는 검은 숯가루가 늘 묻어 있었지만 웃음을 잃지 않고 친절하게 손님을 대했지요. 덕분에 이웃 마을에서도 그의 가게를 찾아오는 사람이 많아졌어요.

그러던 어느 날, 숯 가게 옆에 세탁소가 문을 열었어요. 반가운 마음에 숯장수는 세탁소를 찾아갔어요.

"안녕하세요. 반갑습니다. 저는 숯 가게 주인입니다. 까만 숯을 만들어 팔지요."

"아, 그렇군요. 저는 세탁소를 운영하고 있습니다. 반갑습니다. 앞으로 잘 부탁드리겠습니다."

"제 옷이 금방 더러워지고 빨아도 때가 잘 지워지지 않았는데, 앞으로 세탁소를 이용하면 금방 깨끗해질 수 있겠네요."

"네, 세탁이 필요하시면 언제든 가져오세요. 제가 잘 세탁해 드리겠습니다."

두 사람은 금방 친해졌어요. 손님이 없는 날에는 만나서 식사도 하고 차를 마시며 이야기도 나누었어요. 세탁소 주인이 홍보 때문에 고민하자 숯장수는 가게 홍보하는 법을 알려 주었어요.

"제가 세탁 잘하는 것에는 문제가 없는데, 어떻게 홍보를 해야 할지 고민입니다. 좋은 방법이 없을까요?"

"우선 동네 사람들하고 친해지세요. 인사를 잘하는 것은 기본이고요. 이름하고 가족 사항을 잘 기억해야 해요. 그래야 더 금방 친해질 수 있지요. 친해지고 나면 소개도 많아질 거예요. 최고의 홍보는 입소문이죠."

"그러면 마을 사람들 이름부터 빨리 외워야겠네요. 옆집에 개하고 고양이를 기르는 할머니 내외는 조용하시던데 자식들은 같이 안 사나 봐요?"

"자식들은 모두 도시에 사는데 가끔 들린답니다. 개 이름은 봉봉이고, 고양이는 나비에요. 할머니가 매우 사랑하고 소중히 여기지요. 세탁은 자식들이 와서 하긴 하는데, 양이 많을 때는 세탁소를 이용할 수도 있지요."

"우선 친해지는 게 제일 중요한 일이군요. 그런데 마을 입구에 있는 집은 식구들이 많아서 세탁물이 많이 나올 텐데 한 번도 안 오시네요."

"아, 그 집은 식구는 많지만 부모가 아직 젊고 아이들도 어리지요. 그래서 지금은 부부가 해결하고 있습니다. 하지만 그 집도 애들이 학교 가고, 집안 행사가 있으면 아마도 세탁소를 이용할 겁니다. 조금만 기다려 보세요. 그리고 동네 분들이 일하고 있으면 거들어 주고 도와주세요. 그것만큼 빨리 친해지는 방법도 없지요."

숯장사는 친절하고 꼼꼼하게 알려 주었어요.

"그렇군요. 잘 알겠습니다. 그런데 숯 가게에는 이웃 마을에서 오는 손님도 많던데 그 마을에는 숯 가게가 없나요?"

"그 마을에도 숯 가게는 있습니다. 거기도 손님들이 찾기는 하는데, 이웃 마을에서 제 가게까지 오는 분들은 좀 특별한 분들이에요."

"특별하다니요?"

"그분들은 그 마을 숯 가게에서 파는 것보다 더 질이 좋은 고급 숯을 찾지요. 그래서 저는 그분들을 위해 고급 숯을 따로 보관한답니다."

"그럼, 그 숯은 가격이 더 비싸겠네요."

"그럴 수밖에 없지요. 저는 숯을 4등급으로 나누어 팔고 있어요. 자기 형편에 맞춰 살 수 있고, 또 용도에 따라 필요한 숯이 다르답니다."

"용도에 따라 다르다는 건 뭐지요?"

세탁소 주인은 숯장수의 말에 푹 빠져들어 물었어요.

"가령, 요리에 필요한 숯과 축사에서 사용하거나 식물들 보온용으로 쓰는 숯은 다를 수밖에 없지요. 그런 것들을 고려하여 구분해서 판매하는 겁니다."

"이웃 마을까지 홍보는 어떻게 하신 건가요?"

"읍내 시장에 숯을 팔러 오가는 길에 있는 그 마을은 반드시 거쳐 가기 마련이지요. 그래서 그 마을 지날 때 제가 가진 숯을 몇 분에게 선물로 드렸어요. 또 시장에서 팔고 남은 숯을 드리고 오기도 했고요. 제 숯을 써 본 분들이 좋다고 소문을 내 줘서 자연스레 손님이 늘어난 겁니다."

"그러니까 우선 숯의 품질이 좋았고, 그것을 사용해 본 사람들이 소문을 내 주었다는 거군요."

"맞아요. 품질이 나쁜데 제 가게를 추천해 줄 리는 없지요. 만약에 질이 나쁜 숯을 선물했다면 대번에 소문이 나서 아무도 제 가게에 오지 않았을 겁니다. 아무도 보지 않는다고 해서 질이 나쁜 목재를 사용해서는 안 됩니다."

"그런데 그런 태도와 생각은 언제부터 갖게 되었나요?"

세탁소 주인은 숯장수에게 바짝 다가가 물었어요.

"어렸을 적 아버지를 도와 심부름을 한 적이 있었어요. 아버지도 숯을 굽는 일을 하셨는데 제게 늘 말씀하셨지요. '손님을 한 번 속이기는 쉬워도 두 번 세 번 속일 수는 없다. 진실이 가장 강력한 홍보의 방법이다.'라고요. 그러면서 이렇게 말씀하셨어요. '훌륭한 숯장수는 아무도 보지 않는다고 해서 절대 질이 나쁜 목재를 사용하지 않는 법이다.' 저는 그 말씀을 잊지 않으려 노력했지요."

숯장수는 진지한 표정을 지으며 말했어요.

"저도 세탁만큼은 확실하게 잘할 수 있도록 더 노력하겠습니다. 세탁 방법도 더 연구하고 다림질도 개선해서 손님들이 세탁물을 받았을 때 기분 좋게 해 드려야겠어요."

"좋은 생각입니다. 그리고 옷 수선 일도 같이 해 보세요. 그러면 수선하러 오는 분 중에 세탁을 맡기러 오는 분도 생길 거예요."

"맞아요. 그 생각을 못 했네요. 손님을 끌어오는 방법이 다양하게 있는데, 많이 알리고 돈을 들여야만 한다고 잘못 생각하고 있었네요. 이야기를 듣다 보니 정말 많은 도움이 되었습니다. 생각에서 생각이 나오네요. 저도 늘 생각하고 연구하겠습니다."

숯장수와 세탁소 주인은 그 후로도 자주 만나 장사에 관한 이야기를 나누었어요. 숯장수는 읍내에 가게를 냈고 직원도 채용했지요. 세탁소는 세탁 기계를 만들어 더 많은 세탁물을 처리할 수 있게 되었고, 이웃 마을까지 배달하게 되었어요.

1. 진로 생각 ① : 수익을 만드는 방법

숯장수는 동네에서 숯을 파는 일 외에도 여러 가지 방법으로 수익을 만들고 있습니다. 숯장수의 수익 창출 방법을 본문에서 찾아 모두 정리해 보세요.

숯장수가 수익을 만드는 방법

①

②

③

④

2. 진로 생각 ② : 진실이라는 무기

'손님을 한 번 속이기는 쉬워도 두 번 세 번 속일 수는 없다. 진실이 가장 강력한 홍보의 방법이다.', '훌륭한 숯장수는 아무도 보지 않는다고 해서 절대 질이 나쁜 목재를 사용하지 않는 법이다.'라고 숯장수 아버지는 말씀하셨습니다.

자신의 일을 할 때나 물건을 팔 때, 진실하고 성실하게 임하는 사람이나 가게를 알고 있다면 적어 보세요.

이름(또는 가게, 회사)	어떤 점이 인상적이었나요?
예 대한반점(우리 동네 중국집)	예 항상 식당이 깨끗하고 음식이 깔끔하게 나옴

3. 진로 생각 ③ : 겸업과 N잡(JOB)

세탁소 주인은 세탁뿐만 아니라 옷 수선하는 일을 겸하기로 했습니다. 그렇게 하면 손님을 더 많이 모을 수 있고, 세탁 일이 없을 때 수선하는 일을 할 수 있어 효율적입니다. 이렇게 한 장소에서 여러 일을 겸하면 다른 곳에 가지 않고도 추가로 일을 할 수 있습니다.

한 장소에서 두 가지 이상의 일을 하며 더 많은 이익을 얻는 곳을 아는 대로 적어 보세요.

한 장소에서 두 가지 이상의 일을 하며 더 많은 이익을 얻는 곳

예 키다리 서점 – 문구와 책을 판매하면서 제본과 복사도 하고, 팩스 전송도 해 줌

①

②

③

---

4. 진로 생각 ④ : 홍보와 마케팅을 잘하는 곳

우리 주변에서는 홍보와 마케팅(제품이나 서비스를 소비자에게 알리고 판매하기 위한 다양한 활동)을 잘하는 가게나 업체를 만나 볼 수 있습니다. 주변에서 홍보와 마케팅을 잘하거나 인상 깊게 하는 곳이 있다면 이야기해 보세요.

홍보와 마케팅을 잘하는 곳

예 으뜸 학원 – 주기적으로 설명회를 하고 학교 앞에서 홍보 노트를 나눠 준다. 블로그에 꾸준히 소식을 올리고 있다. 만족도 조사를 통해 학원의 문제점을 개선한다. 이벤트를 많이 하며 활기차게 움직이는 모습이 긍정적 효과를 낸다.

〈1장〉

도시 쥐와
시골 쥐

자기 이해와 직업

생각 전문가와 요리 연구가

시골 쥐와 도시 쥐는 사이좋은 친구였어요. 둘은 자주 만나지는 못했지만, 편지를 주고받으며 소식을 전했지요. 어느 날, 시골 쥐는 도시 쥐에게 초대하는 편지를 보냈어요.

"안녕, 친구야.

잘 지내고 있지? 이곳에 가을이 왔어.

네가 있는 곳에도 가을이 왔겠지?

여기는 온 산이 빨갛게 물들었어.

나는 한편으론 겨울 준비를 하면서 가을을 즐기고 있어.

우리 동네에는 큰 뒷산이 있고, 넓은 밤나무밭이 있어.

동네 앞으로 흐르는 냇물에는 오리 식구들이 오가고 있어.

그 뒤로 가을걷이를 하는 농부의 모습이 보여.

뒷산에 내가 자주 오르는 밤나무에서 그 모습을 바라보면 배고픈 것도 잊을 수 있어.

어때? 이야기만 들어도 그 모습이 상상 되지?

너에게 시골의 멋진 풍경도 보여 주고, 가을에 장만한 음식도 대접하고 싶어.

작은 정성이지만 너와 함께 가을의 식탁을 마주하고 싶어.

바쁘더라도 한번 들러 주길 바라."

시골 쥐의 초대를 받은 도시 쥐는 기쁜 마음으로 시골로 떠났어요.

도시 쥐가 도착하자 시골 쥐는 뒷산으로 가서 자주 오르는 밤나무에 올라갔어요. 함께 동네를 내려다보며 시골 쥐가 말했어요.

"어때, 정말 멋진 풍경이지? 저기 오리 가족이 나들이를 나왔네."

"오, 정말 오리 식구들이 나왔네."

"강둑 사이에 나무로 만든 다리가 있는데, 저기는 내가 거닐며 사색하는 곳이야. 이름도 붙였어. 생각의 다리. 나는 저 다리를 거닐 때가 제일 기분이 좋아."

"다리에서 무슨 생각을 하는데?"

"이것저것. 하늘은 왜 파랄까? 바람은 어디서 불어오는 것일까? 왜 날마다 기분이 다를까? 내가 이 세상에 태어나기 전에도 냇물은 흐르고 있었겠지? 뭐 이런 생각들이야. 이런 생각들을 하다 보면 하루가 너무 짧아."

"전부 재미없는 생각들이네. 그게 무슨 도움이 돼?"

"그런 생각을 하면 마음이 따뜻해지고, 근심을 잊을 수 있어."

"너는 나중에 뭐가 되고 싶어?"

"아직은 모르겠어. 아마 생각하는 일을 하게 되지 않을까?"

"생각하는 일? 그런 직업은 없잖아?"

둘은 이야기를 나누며 동네 여기저기를 돌아다녔어요. 그러다 시골 쥐가 도시 쥐에게 말했어요.

"많이 돌아다녔더니 배가 고파 오는데, 이제 가서 뭣 좀 먹을까?"

"그래, 그렇지 않아도 슬슬 배고프던 참이야."

시골 쥐는 도시 쥐에게 준비한 음식을 내놓았어요. 식탁 위에는 보리쌀과 옥수수, 밤이 놓여 있었어요. 화려한 음식이 놓여 있을 거라 기대했던 도시 쥐는 음식을 보고 실망했어요.

도시 쥐는 평소에 먹던 음식과 달라 먹기가 거북했어요.

"어째, 음식이 마음이 들지 않니?"

"응, 내가 평소에 먹던 음식이 아니라서 조금 불편하군. 튀기고 볶고,

양념과 소스를 넣으면 훨씬 더 맛있는 음식이 될 텐데…. 그런데 너희 집은 작고 소박하구나. 집이 좁은데 불편하지는 않아?"

시골 쥐의 초라한 집을 보며 도시 쥐는 실망한 듯 보였어요.

"네가 사는 집은 어떤데?"

"우리 집은 이곳의 스무 배 정도 커. 음식도 많아. 다음에는 네가 우리 집에 한번 와. 내가 맛있는 음식을 대접할게. 도시는 이곳처럼 한가하지 않아. 복잡하고 분주하지. 네게 새로운 자극이 될 거야."

"알겠어. 나도 도시의 공기를 한번 맡아 보고 싶어."

얼마 후 시골 쥐는 도시 쥐의 집으로 향했어요. 도시 쥐는 미리 마중을 나왔고, 둘은 집으로 향했어요. 큰 건물과 도로 사이로 분주하게 움직이는 사람들을 보며 시골 쥐는 복잡하고 정신이 없었지요.

이윽고 집에 도착했어요. 도시 쥐가 벌써 음식을 차려 놓았어요. 식탁 위에는 빵, 케이크, 치즈, 아몬드, 꿀차, 과일과 과자가 놓여 있었고, 처음 보는 요리도 있었지요. 향긋한 냄새가 코를 찔렀어요.

"우와, 정말 맛있는 음식이 많구나. 기름이 좔좔 흘러넘치는데. 한번 먹어 볼까?"

"응, 평소에 못 먹던 음식이니까 많이 먹어. 나는 요새 맛을 연구하고 있어. 이곳에는 요리 재료가 많아서 이런저런 요리를 해 볼 수가 있지."

"너는 요리에 관심이 많구나. 어떤 요리를 해 보고 싶어?"

"최근에는 다양한 케이크를 만들어 보고 있어. 이 집에는 과일이 많은데 그것을 활용해서 더 맛있는 케이크와 과자를 만들어 보려고 해."

"그런데 너희 집은 정말 넓구나. 가구들도 많고."

시골 쥐는 감탄하며 말했어요.

쥐들이 식사하려고 하는데 한 남자가 갑자기 문을 열고 들어왔어요. 둘은 깜짝 놀라 황급히 벽에 나 있는 구멍 속으로 몸을 숨겼지요.

한참 뒤, 둘은 다시 나와서 맛있게 생긴 과자를 먹으려고 했어요. 그런데 이번에는 어떤 여자가 들어오더니 무엇을 찾는지 여기저기를 뒤지고 열어 보았어요.

이번에도 둘은 재빨리 다른 곳으로 몸을 숨겼어요. 얼마 후 둘은 다시 나와서 음식을 먹기 시작했어요. 그런데 자꾸 사람들이 들락거리는 바람에 편하게 음식을 먹을 수 없었지요.

그날 밤, 잠자리에서 시골 쥐는 도시 쥐에게 말했어요.

"맛있는 음식과 화려한 도시의 생활도 좋지만, 이렇게 불안한 생활은 나와는 맞지 않는 것 같아. 나는 하루를 살더라도 정말 마음 편하게 살고 싶어."

"하지만 작은 불편을 감수하면 맛있는 음식과 색다른 요리를 맛볼 수 있어. 나도 이런 생활이 편하지는 않아. 하지만 도시에는 기회가 널려 있어. 시골은 너무 재미없고 무료해. 나는 시골에서는 살기 힘들 것 같아."

"시골이 단조롭고 불편한 것이 많기는 하지만, 불안에 쫓기며 살지는 않아. 나는 생각의 다리를 거닐며 따뜻한 햇볕과 시원한 바람을 맞는 생활이 좋아. 거친 보리의 담백한 맛이 더 좋아."

시골 쥐는 이튿날 집으로 돌아왔어요.

1. 진로 생각 ① : 추천 직업 1

시골 쥐는 생각하는 일을 하고 싶다고 하였습니다. 시골 쥐에게 추천 하고 싶은 직업과 그 이유를 적어 보세요.

시골 쥐에게 추천하는 직업

① 직업명:
   이유:

② 직업명:
   이유:

③ 직업명:
   이유:

2. 진로 생각 ② : 추천 직업 2

도시 쥐는 요리와 맛을 연구하는 일을 하고 싶다고 하였습니다. 도시 쥐에게 추천하고 싶은 직업과 이유를 적어 보세요.

도시 쥐에게 추천하는 직업

① 직업명:
  이유:

② 직업명:
  이유:

③ 직업명:
  이유:

3. 진로 생각 ③ : 진로 조언

도시 쥐는 바쁘고 불안한 환경에서 살아가고 있습니다. 그렇지만 자신의 꿈을 위해 도시 생활을 포기할 수 없습니다. 쫓기는 듯한 불안한 환경을 잘 이겨내고 자신의 꿈을 위해 살려면 어떻게 하는 게 좋을까요?

시골 쥐 입장에서 도시 쥐에게 적당한 조언을 해 주세요.

시골 쥐 입장에서 도시 쥐에게 해 줄 조언

예 "도시 쥐야, 덜 화려한 곳으로 이사를 하면 덜 쫓기고 덜 불안하면서도 네 꿈을 위해 살 수 있어!"

"도시 쥐야, 하루에 한 시간씩 너만의 시간을 가져 봐. 좀 더 여유로워질 거야!"

①

②

③

---

4. 진로 생각 ④ : 자기 이해와 직업 선택

진로를 정하려면 자신을 잘 이해하는 것이 중요합니다. 다음 중 내가 진로를 정할 때 중요하게 생각하는 것을 순서대로 번호를 적어 보세요. 그런 다음 내가 희망하는 직업과 연결하여 내가 원하는 직업을 구체적으로 적어 보세요.

직업을 정할 때 중요하게 생각하는 것

다음 중 중요하게 생각하는 것을 순서대로 괄호 안에 번호(1~9)를 적어 보세요.

사회적 공헌도 (   ), 변화를 느끼는 것 (   ), 성취감 (   ),
경제적 보상 (   ), 자기계발 (   ), 일과 삶의 균형 (   ),
사회적 안정성 (   ), 자율성 (   ), 직업의 안정성 (   )

내가 원하는 구체적인 직업

위에서 1, 2, 3번으로 생각한 내용과 희망 직업을 연결하여 적어 보세요.

예 경제적 보상 (1), 변화를 느끼는 것 (2), 성취감 (3)을 중요하게 생각할 경우 – 나는 경제적 보상이 높고, 변화를 자주 느끼며, 성취감을 크게 얻을 수 있는 주식 투자자가 되고 싶다.

〈8장〉

아버지와 딸들

문제해결력

아버지는 문제해결사

두 딸과 함께 사는 아버지가 있었어요. 아버지는 딸들을 잘 키워서 큰딸은 정원사에게, 작은딸은 옹기장이에게 시집을 보냈어요.

"얘들아, 어디서 살아가든 항상 현재에 충실해야 한다. 어려운 일이 닥치면 걱정하거나 근심하지 말고 깊이 생각을 해 보아라. 생각하다 보면 문제가 해결된단다."

떠나는 딸들에게 아버지는 당부의 말을 해 주었어요.

시간이 흐르자 아버지는 딸들이 잘살고 있는지 궁금해졌어요. 그래서 직접 찾아가 보기로 했지요.

먼저 정원사에게 시집간 큰딸을 찾아갔어요. 큰딸과 사위가 관리하는 정원은 크고 넓었어요. 큰 나무와 작은 나무, 꽃과 화초가 어우러져 아름다웠어요. 사위는 멀리서 큰 나무에 가지치기를 하고 있었고, 큰딸은 나무에 물을 주고 있었어요. 아버지는 큰딸에게 반갑게 인사하며 물었어요.

"정말 아름다운 정원이구나. 잘 지내고 있니? 어떻게 살고 있어?"

"네, 아버지. 잘 지내고 있어요. 정원의 나무들은 잘 자라고 있어요. 나무들이 건강하게 자라고 있어서 저도 기뻐요. 나무들과 함께 생활하는 일이 저한테 딱 맞는 것 같아요. 저는 흙을 밟으며 정원을 거닐 때 자유를 느껴요. 그런데 한 가지 힘든 일이 있어요."

"그래, 무엇 때문에 힘들지?"

"이곳은 비가 자주 오는 곳이 아니라 물이 귀해요. 비가 오지 않으면 물을 길어 와야 하는데, 시냇물이 흐르는 곳까지 가려면 멀기도 하고 물통이 무겁기도 해서 힘들어요. 비가 자주 왔으면 좋겠어요."

"비가 자주 왔으면 좋겠지만, 그게 쉬운 일은 아니잖니? 다른 방법을 찾아보자."

아버지는 해결책을 찾기 위해 근처를 돌아다니며 방법을 연구했어요.

며칠 후 아버지는 샘 파는 기술자를 데려왔어요. 기술자는 정원의 여기저기를 둘러보더니 샘을 팔 수 있는 곳을 찾아냈어요.

"여기 바위 밑이 좋을 것 같습니다. 이 밑으로 물이 흐르고 있어서 이곳을 파면 물이 나올 것입니다. 정원을 관리하는 데 필요한 정도의 물은 나올 것 같아요."

말을 마치자 기술자는 커다란 쇠망치로 바위를 깨뜨리고, 기계로 땅속에 구멍을 파기 시작했어요. 큰 소리를 내며 기계가 움직이자 땅속의 흙이 밖으로 나왔어요. 한참이 지나자 갑자기 물이 땅속에서 하늘로 솟구쳤어요. 땅으로 떨어진 물은 나무들 사이로 흘렀어요.

그 모습을 보던 큰딸 부부는 기뻐서 껑충 뛰었어요. 아버지는 흐뭇한 표정으로 그 모습을 바라봤어요.

이제 큰딸 부부는 멀리서 물을 길어오지 않아도 정원의 나무들에게 물을 줄 수 있게 되었어요. 아버지는 큰딸을 보며 말했어요.

"거봐, 생각하니까 문제가 해결되었지? 어려운 문제가 닥쳐도 포기하지 말고 항상 깊게 생각하거라."

큰딸 부부는 물이 나오는 곳에 샘을 만들고 지붕을 얹어, 물을 저장하고 퍼 나를 수 있도록 잘 가꾸었어요.

아버지는 이제 옹기장이에게 시집간 작은딸의 집에 갔어요. 작은딸 부부는 노래를 부르며 열심히 옹기를 만들고 있었어요. 크고 작은 다양한 옹기로 꽉 찬 작업실에 아버지가 들어갔어요.

"안녕, 열심히 일하고 있구나. 별일 없니?"

"네, 아빠. 큰 어려움 없이 잘 지내고 있어요. 옹기 만드는 것도 재미있고, 옹기도 잘 팔려요. 저는 손으로 뭔가를 만들 때가 제일 재미있어요. 흙을 만질 때 그 감촉이 너무 좋아요. 다만 한 가지 어려운 점, 비가 오는 날이 많아서 그릇이 잘 마르지 않는다는 것이에요. 비가 오면 예상했던 것보다 마르는 시간이 오래 걸려 제때에 옹기를 공급하지 못하게 되어요. 비가 좀 안 왔으면 좋겠어요."

"비가 오고 안 오고를 마음대로 할 수 없으니 다른 방법을 찾아보자."

아버지는 옹기 작업장 주변을 돌아다니면서 궁리하기 시작했어요.

'어떻게 하면 좋을까? 분명 방법이 있을 텐데….'

며칠 후에 아버지는 건축업자를 데려왔어요.

건축업자는 작업장 주변을 돌아다니더니 이렇게 말했어요.

"여기에 옹기 말리는 시설을 만들겠습니다. 공기가 잘 통하면서도 비를 피할 수 있고, 손님들이 구경하기도 좋게 만들겠습니다."

아버지는 건축업자의 말을 듣고 고개를 끄덕이며 말했어요.

"좋습니다. 서둘러 주세요."

건축업자는 옹기 건조 시설을 만들기 시작했어요. 얼마 후 근사한 건조 시설이 만들어졌어요.

"정말 잘 만들어졌네요. 넓고, 비를 피할 수 있고, 바람도 잘 통하고, 손님들도 옹기를 구경하기 딱 좋은 구조에요."

작은딸 부부는 고맙다며 연신 고개를 숙였어요.

그 모습을 바라보던 아버지가 작은딸 부부에게 말했어요.

"모든 문제에는 해결책이 있는 법이란다. 시간이 걸리더라도 깊이 생각하면 반드시 해결 방법을 찾을 수 있단다."

작은딸 부부는 방금 만든 옹기를 새로 지은 건조실로 옮겼어요. 이제 비 오는 날에도 옹기를 잘 말릴 수 있게 되었어요.

1. 진로 생각 ① : 해결해야 하는 큰 과제

　우리가 살아가는 세상에는 해결해야 할 어려운 문제들이 많이 있습니다. 그중에서 여러 나라가 힘을 합쳐 슬기롭게 해결해야 하는 큰 문제(과제)에는 무엇이 있을까요? 그것을 해결하기 위해 어떻게 해야 할까요?

여러 나라가 힘을 합쳐 슬기롭게 해결해야 하는 큰 문제(과제)	해결하기 위한 방법
예 지구 온도가 올라가서 계속 더워지고 있다. 가뭄과 홍수, 산불 등 극단적 기후 위기가 발생한다.	예 대체 에너지 개발로 자연에서 전기를 얻거나 인공태양에서 전기를 공급받고, 원자력이나 화력 발전소 등을 없앤다.

2. 진로 생각 ② : 학교 문제와 해결책

우리 학교에서 문제가 되는 것은 무엇이며, 어떻게 하면 그것을 해결할 수 있는지 해결책을 적어 보세요.

문제가 되는 일	해결책
예 인터넷과 컴퓨터 사용 등으로 학생들이 책을 접하는 시간이 줄고, 독서 습관이 부족하다.	예 수업 시간에 10분 독서 시간을 만들어 다 함께 책을 읽는다.

3. 진로 생각③ : 진로 선택과 문제 해결

내가 진로희망 하는 일에서 해결하거나 고쳐야 하는 일은 무엇인가요?

진로희망	문제가 되는 일	해결책
예 교사	예 학생들이 자신의 적성을 알아보고 진로를 정하는 것을 어려워한다.	예 일주일에 한 시간씩 진로만을 생각하고 탐색하는 시간을 갖게 하고, 그 과정을 기록하게 한다.

4. 진로 생각④ : 공부와 몰입

아버지는 두 딸에게 "모든 문제에는 해결책이 있는 법이란다. 시간이 걸리더라도 깊이 생각하면 반드시 해결 방법을 찾을 수 있단다."라고 말했습니다. 공부할 때도 이해가 안 되고 어렵더라도 내용을 깊게 생각하고 자료를 찾아보면, 이해가 되고 깨달음을 얻을 수 있습니다. 공부하면서 깊게 생각하고 오래 연구하여 해결했던 경험을 적어 보세요.

공부 몰입으로 문제 해결

🈺 사다리꼴 넓이 구하는 문제를 푸는 데 공식을 잊어버려서 풀 수가 없었다. 삼각형 넓이 구하는 공식을 이용하여 사다리꼴을 둘로 나누어 계산했다. 5분 넘게 생각했는데 결국 혼자 힘으로 풀었다.

〈9장〉

농부와
자식들
소중한 유산

포도밭의 보물

아들 셋을 둔 농부가 있었어요. 세 아들은 사이가 무척 나빴지요. 아이들이 날마다 싸움을 하는 바람에 집안이 조용할 날이 없었어요. 아이들의 싸움은 해가 뜨면 시작되어, 잠자리에 들 때까지 계속되었어요.

"애들아, 너희들은 왜 밤낮으로 싸우기만 하는 거냐? 제발 사이좋게 지내거라. 서로 이해하며 지내면 좋지 않겠니?"

농부는 아이들을 타이르기도 하고 야단도 쳐 보았지만, 그들은 아버지 말을 듣는 둥 마는 둥 했어요. 아버지의 근심은 하루하루 늘어갔지요.

하루는 농부가 아들들을 바라보며 말했어요.

"애들아, 나가서 잔 나뭇가지들을 좀 꺾어 오거라."

아이들은 아버지가 회초리로 때리는가 싶어 덜컥 겁이 났지만, 아버지의 말씀을 거역할 수 없어 가늘고 약한 가지들로 골라서 가지고 갔어요. 아버지는 가느다란 나뭇가지를 하나씩 건네주고 부러뜨려 보라고 하였어요. 세 아들 모두 쉽게 부러뜨렸지요.

그러자 이번에는 나뭇가지들을 한데 묶어 아이들에게 주었어요.

"이 나무 묶음을 한번 부러뜨려 보아라."

아이들은 나뭇가지 묶음을 부러뜨리기 위해 최선을 다했지만, 나뭇가지는 좀처럼 꿈쩍도 하지 않았지요.

"나뭇가지도 하나였을 때에는 부러뜨리기가 쉽지만, 여럿이 한데 묶이면 부러뜨리기가 쉽지 않지? 형제도 마찬가지란다. 서로 싸우고 사이가 나쁘면 어려운 일을 당했을 때 쉽게 무너지겠지만, 형제가 사이좋게 지내고 마음을 합하면 어려운 일을 당했을 때 함께 이겨 낼 수 있단다. 너희가 마음을 합하면 혼자서 할 때보다 열 배 이상의 힘을 만들어 낼 수 있어."

세 아들은 그제야 아버지의 깊은 뜻을 깨달았어요.

얼마 후 농부는 크게 병들어 자리에 눕고 말았어요. 의사가 왔다 갔지만 얼마 살지 못할 거라고 했어요.

"죄송하지만 마음의 준비를 하셔야겠어요. 이미 병이 깊게 들어서 의술로는 고치기 힘듭니다. 주변 정리를 하시고 가족들과 의미 있는 시간을 보내세요."

의사의 말을 들은 농부는 슬픔이 차올랐어요.

'내가 없더라도 아이들이 자기 힘으로 농사를 지을 수 있으면 좋으련만. 농사짓는 법을 가르치지 못했으니 어쩌면 좋단 말인가?'

그는 자식들에게 얼마간이라도 농사짓는 경험을 쌓게 해 주고 싶었어요.

'이제 내가 아이들에게 농사를 가르칠 기회는 없을 것 같다. 평소에 아이들과 함께 농사를 지었어야 했는데 후회가 되는구나. 아이들은 아직 삽질도 제대로 해 본 적이 없으니 어쩌면 좋단 말인가? 농사 기술을 배워야 포도밭을 관리하고 밀 농사도 지을 수 있는데… 아무 일도 안 해 본 아이들에게 어떻게 농사일을 알려 주지?'

궁리 끝에 농부는 자식들을 모두 방에 불러 모아 이렇게 말했어요.

"얘들아, 내가 아무래도 오래 살지 못할 것 같구나. 그래서 너희들에게 유언을 남기려고 한다."

"흑흑, 아버지."

아이들은 눈물을 흘리기 시작했어요.

"얘들아. 울지 말고 내 이야기를 잘 들어라."

"네, 말씀하세요."

"내가 죽고 나면 너희들 살아갈 길이 걱정되는구나. 농사짓는 법도 모르고 있으니 말이다."

"저희도 그게 무서워요. 흑흑흑."

"너무 걱정하지 마라. 내가 미리 준비해 둔 것이 있단다."

"무슨 준비를요?"

"너희가 평생 먹고살 만큼의 보물을 묻어 두었단다."

"보물을요? 어디에요?"

"바로 우리 포도밭에 묻어 두었지. 보물을 찾아서 잘살아 보도록 하려무나."

얼마 후 농부는 숨을 거두고 말았어요. 장례식을 마친 후 아들들은 보물을 찾기로 마음먹었지요. 아버지가 병상에 누운 이후 잡초 관리가 안 되어서 풀이 엄청 자라나 포도밭을 뒤덮고 있었어요. 아들들은 창고에서 괭이와 호미를 가져다 넓은 포도밭을 여러 날 파헤쳤어요.

하지만 아무리 밭을 파 보아도 보물은커녕 동전 하나도 나오지 않았어요. 결국 아버지가 자신들을 골탕 먹이려고 거짓말을 한 것이라고 생각하고 보물 찾기를 포기하고 말았지요.

"아무리 땅을 파도 보물 같은 건 보이지 않는걸. 아버지가 골탕 먹이려고 거짓말을 하셨나 봐."

삼 형제는 더 이상 포도밭을 파헤칠 힘도 의욕도 남아 있지 않았어요. 그런데 아들들이 어찌나 밭을 열심히 팠던지 포도는 쑥쑥 자랐고, 얼마 후, 싱싱한 열매들이 고개를 내밀기 시작했어요. 마을에서 제일 크고 먹음직스러운 열매였지요.

형제는 그 열매를 따서 먹기도 하고, 시장에 내다 팔기도 했어요. 그리고 어느 날 밭에서 열매를 따다가 문득 아버지의 뜻을 알게 되었지요.

'아하, 아버지의 보물이란 이것이었군! 열심히 일하면 누구나 얻을 수 있는 보물이었어. 농사짓는 법을 배우지 못한 우리를 위해 마지막으로 가르침을 주신 아버지의 소중한 유산이야. 정말 엄청난 보물이지.'

삼 형제는 하늘에서 지켜보고 있을 아버지를 생각하며 포도밭에서 서로를 바라보고 미소 지었어요. 건너편 밀밭에는 바람이 불어 밀들이 이리저리 움직이고 있었지요.

1. 진로 생각 ① : 유산 목록

농부가 자식에게 남겨 준 유산에는 어떤 것들이 있었나요? 이야기에서 찾아 적어 보세요.

농부가 자식에게 물려준 유산 목록

①

②

③

④

⑤

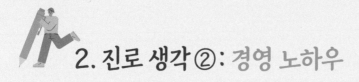

2. 진로 생각 ② : 경영 노하우

내가 농부라면 아이들에게 농사짓는 법을 가르쳐 주기 위해 어떻게
했을까요?

몸이 병든 상황에서 자식들에게 포도밭과 밀밭을 경영하는 법을 전
수하기 위한 나만의 방법을 생각해서 적어 보세요.

내가 농부 입장이라면 농사짓는 법과
포도밭 경영하는 법을 어떻게 전수해 주었을까요?

예 달력에 언제 무슨 일을 하면 되는지 적어서 전해 준다.

①

②

③

④

⑤

3. 진로 생각 ③ : 나만의 보물 목록

내가 가진 보물은 무엇인가요? 나만의 보물 목록과 그 이유를 함께 적어 보세요.

나만의 보물 목록	
유형(눈에 보이는 것)	**무형(눈에 보이지 않는 것)**
㉍ 첫돌 사진 – 한 살 때 모습을 보면 지난 시간이 귀하게 느껴지고, 앞으로 더 잘 살아야겠다는 마음이 든다.	㉍ 그림 실력 – 그림 그릴 때 자유를 느낀다.

〈10장〉

의사와 노인

직업 윤리

욕심 많은 의사

    눈이 나쁜 노인이 살고 있었어요. 그는 넓은 저택과 커다란 정원을 가지고 있었지요. 남들은 부자라고 부러워했지만, 그는 눈이 나빠 밖에 돌아다니기도 힘들어서 집에서만 생활하고 있었지요. 노인은 눈을 치료하기 위해 의사를 집으로 불렀어요. 노인은 의사에게 말했어요.

    "앞이 뿌옇고 흐릿하게 보이고 사물이 여러 개로 겹쳐 보이네요. 밖은 너무 위험해서 아예 나갈 엄두도 못 내고 있습니다. 앞이 안 보이니까 정말 답답하네요. 고칠 수 있을까요?"

    "그렇게 앞이 잘 안 보이는데 주방과 화장실을 어떻게 다니며 생활하시나요?"

"이 집에서 오랫동안 생활을 했기 때문에 기억에 의존해서 다니고 있습니다. 저한테는 밤이나 낮이나 큰 차이가 없습니다. 눈이 이렇게 소중하다는 것을 예전에는 왜 몰랐을까요?"

노인은 급기야 울먹이며 눈물을 흘렸어요.

"좋아요. 이제 눈을 좀 볼까요?"

의사는 노인의 눈에 진찰 기구를 대고 이리저리 살펴봤어요. 얼마 후 의사는 노인에게 이렇게 말했어요.

"이 병은 나이가 들면서 자연히 발생하게 됩니다. 수정체가 혼탁해져서 빛이 제대로 통과하지 못해서 생기는 거지요."

"그러면 고칠 수는 있는 건가요?"

"고칠 수는 있는데 시간이 좀 걸릴 것 같습니다."

"고칠 수만 있다면 돈은 얼마든 드릴 테니, 꼭 낫게 해 주세요."

노인은 간곡하게 말했어요.

의사는 노인에게 침대에 누우라고 했어요.

"오늘은 우선 기본 치료부터 하겠습니다. 눈을 감으면 그 위에 약을 발라 드리겠습니다."

의사는 가방에서 끈끈한 액체가 든 약통을 꺼냈어요. 그것을 휘휘 젓더니 노인의 눈 주위에 바르기 시작했어요.

"이제 액체가 굳으면 딱딱해질 겁니다. 액체가 굳고 나면 모레쯤 잘 떨어질 거예요. 여러 번 제가 와서 다시 약을 발라 드리겠습니다. 불편하시더라도 몇 달만 잘 참아 주세요."

이야기를 마친 의사는 잠시 집을 둘러보았어요.

노인의 집은 크고 웅장했어요. 못 보던 진귀한 물건도 많았지요. 거실벽에는 코끼리의 상아가 걸려 있었어요. 의사는 상아 앞으로 다가갔어요.

'맑고 연한 노란색에 단단한 모양을 하고 있구나. 이걸로 공예품을 만들면 비싸게 팔 수 있겠는걸.'

의사는 상아를 만져 보기도 하고 쓰다듬어 보기도 했어요. 탐스러운 모습에 쉽게 눈을 떼지 못했지요. 거실 탁자 위에는 요술 램프처럼 생긴 주전자가 있었어요.

'이 주전자는 신비로운 모양을 하고 있구나. 기다란 주둥이에, 날렵한 모양에 알알이 박힌 보석. 당장이라도 요정이 나올 것만 같은 느낌인데. 3000년 전에 만든 물건이라고 해도 믿겠는걸.'

의사는 주전자의 뚜껑을 열어 보았어요. 뚜껑을 열자 달콤하고 부드러운 향기가 코를 찔렀어요.

'아니, 이런 향기가 나다니. 약초 같기도 하고 허브 같기도 하고, 그러면서도 달콤한 향기가 나네.'

의사는 주전자 뚜껑을 닫으며 미소를 지었어요.

이번에는 주방으로 발걸음을 옮겼어요. 주방에도 처음 보는 진귀한 것들이 많이 있었어요.

　　그때 구석에서 반짝이며 빛나는 물건이 보였어요. 가까이 가 보니 그
것은 황금으로 만든 찻잔이었어요. 의사는 찻잔을 들어서 찬찬히 살펴봤
어요.

　　'정말 금으로 만든 물건이 맞구나. 노인이 눈이 잘 보이지 않으니 이
렇게 구석에 내버려 놨구나.'

　　의사는 황금 찻잔을 가지고 싶은 욕심이 생겼어요.

　　'만약에 이 찻잔이 없어진 걸 알면 노인이 나를 의심할 텐데….'

　　'노인은 눈이 안 보여서 이게 없어진 걸 알지 못할 텐데….'

　　의사의 마음속에 두 마음이 왔다 갔다 했지요. 마침내 의사는 찻잔을
가방 속에 집어넣고 말았어요.

이틀 뒤 의사는 다시 노인을 찾아갔어요. 노인의 눈에 발랐던 약은 딱딱하게 굳어 있었어요. 의사는 그것을 잘 떼어내고 새 약을 발라 주었어요.

"어제 잠은 잘 주무셨나요?"

"네, 잘 잤습니다. 그런데 이렇게 몇 달을 해야 한다고 하니 불편하기도 합니다. 그렇지만 눈이 다 나을 수 있다면 이 정도 불편함은 참을 수 있습니다."

"혼자서 생활하기 힘들지 않으세요?"

"이제는 혼자 생활하는 게 익숙해져서 괜찮습니다. 나랑 같이 있으면 그 사람이 불편하지요."

대화가 끝나자 의사는 다시 거실로 왔어요. 상아 아래쪽 탁자 위에 놓여 있는 거울이 눈에 들어왔어요.

'이건 청동으로 만든 거울이구나. 이 집에는 이런 골동품이 참 많구나.'

이번에도 의사는 거울을 가방 속에 집어넣고 집으로 왔어요.

의사는 올 때마다 노인의 집에 있는 진귀한 물건을 훔쳐 갔어요. 그렇게 몇 달이 지나고 노인의 눈도 거의 다 나았어요.

눈이 다 낫자 의사는 노인에게 치료비를 달라고 했어요.

"이제 눈이 다 나았네요. 약속대로 치료비를 주세요."

"미안하지만 치료비는 한 푼도 줄 수 없어요."

"뭐라고요? 약속을 지키지 않았으니 당신을 고소하겠어요."

"마음대로 하시오. 그런다고 내가 줄 것 같소?"

두 사람은 결국 재판을 받게 되었어요.

판사가 노인에게 물었어요.

"당신은 눈이 다 낫게 되면 치료비를 주겠다고 의사에게 약속했습니까?"

"네, 약속했습니다."

"그러면 눈은 다 나았습니까?"

"아닙니다. 예전보다 더 나빠졌습니다."

그러자 의사가 소리쳤어요.

"노인은 지금 거짓말을 하고 있습니다. 그는 여기 올 때 남의 도움 없이 왔습니다. 그는 완전히 치료된 것입니다."

그러자 판사는 다시 노인에게 물었어요.

"예전보다 눈이 더 나빠졌다는 증거가 있습니까?"

그러자 노인은 대답했어요.

"예전에는 집에 있던 비싸고 진귀한 물건들을 다 볼 수 있었는데 이제는 하나도 보이지 않거든요."

욕심 많은 의사는 그 자리에서 붙잡히고 말았지요.

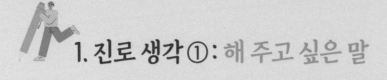

1. 진로 생각 ① : 해 주고 싶은 말

의사는 의술이 뛰어나 환자를 잘 치료했습니다. 그러나 환자를 속이고 물건을 훔치고 말았습니다. 내가 판사라면 의사에게 어떤 말을 해 주고 싶은가요?

내가 판사라면 의사에게 해 주고 싶은 말

예 "아무리 의술이 훌륭해도 환자를 속이는 의사라면 그는 더 이상 의사라고 할 수 없습니다. 당신은 의사의 자격이 없어요."

---

2. 진로 생각 ② : 지켜야 할 직업 윤리

어떤 직업이든지 그 직업에는 거기에 맞는 직업 윤리(마땅히 지켜야 할 도리)가 있습니다. 다음에 제시한 직업을 보고 해서는 안 될 직업 윤리들을 적어 보세요.

직업의 이름	해서는 안 될 직업 윤리
예 경찰관	예 범죄자에게 돈을 받고 죄를 모른척 하는 것
아나운서	
판사	
요리사	
군인	
가수	
교사	
성직자(목사, 스님, 신부 등)	
은행원	
국회의원	
간호사	

3. 진로 생각 ③ : 직업 짐작하기

이야기의 내용을 살펴봤을 때 노인의 직업은 무엇이라고 생각하나요? 노인의 직업을 짐작해 보세요.

내가 생각하는 노인의 직업은?	그렇게 생각하는 이유
예 골동품상	예 진귀한 물건이 많이 있기 때문에

4. 진로 생각 ④ : 수입을 늘리는 방법

의사는 뛰어난 의술로 노인의 병을 고쳤으므로, 이 의사는 실력이 있는 의사라고 할 수 있습니다. 그런데 욕심이 생겨 그만 노인의 보물을 훔치고 말았습니다. 의사가 정직한 방법으로 더 많은 돈을 벌려면 어떻게 하는 것이 좋을까요?

정직한 방법으로 수입을 늘리는 방법

예 은행에서 돈을 빌려 자신의 병원을 짓고, 직원을 채용하여 더 많은 환자를 치료한다.

<11장>

금괴를 땅에 묻은 구두쇠

돈의 활용

돈 쓸 줄 모르는 구두쇠

재물을 많이 모은 구두쇠가 있었어요. 그는 재물을 자신의 목숨보다 소중하게 생각했지요. 그는 자기 손에 들어온 돈은 한 푼도 쓰지 않고 계속 모으기만 했는데, 그러다 걱정이 생겼어요. 그는 누가 자신의 재산을 훔쳐 가지 않을까 하는 불안감 때문에 편안하게 살 수가 없었지요.

'어렵게 모은 재산을 누가 훔쳐 가면 어떡하지?'

그는 옆집에 사는 부자 할아버지에게 넌지시 물었어요.

"할아버지는 돈이랑 재물을 어떻게 보관하세요?"

"나는 은행에 맡겨 놓았네. 돈이 필요해지면 그때그때 찾아서 쓰고 있지."

할아버지의 말을 들은 구두쇠는 깜짝 놀랐어요.

'아니, 어떻게 은행을 믿는단 말인가? 은행 직원이 그 돈을 훔쳐 간다면 빈털터리가 되는 거 아닌가? 은행은 믿을 수 없어. 나만 아는 장소에 따로 보관해야겠어.'

그는 열심히 재물을 보관할 장소를 물색했어요. 하지만 큰 재산을 따로 보관할 만한 적당한 장소를 찾지 못했지요.

'이 많은 재물을 어디에 보관해야 잃어버리지 않을까?'

구두쇠는 마음이 불안하여 견딜 수가 없었어요.

다른 동네에 일을 보러 가더라도 일을 마치면 최대한 빨리 집으로 달려왔어요. 자신이 집을 비운 사이에 도둑이 재물을 훔쳐 갈 수도 있으니까요.

'아무래도 안 되겠어. 재물을 보관할 다른 방법을 찾아야 해. 이렇게 사는 것은 너무 힘들어.'

그는 재물을 지키는 것이 너무 힘들었어요.

어느 날 밤 그는 답답한 마음을 달래려고 집 뒤에 있는 사과밭으로 갔어요. 사과나무가 제법 커서 걷다가 나무에 걸려 넘어지기도 했어요. 밭의 경계에는 돌담이 쌓여 있어 밖에서는 안을 들여다보기도 힘들었지요.

한동안 사과밭을 거닐다가 문득 한 가지 생각이 났어요.

'그래, 재물을 여기다 묻으면 아무도 찾지 못할 거야. 밖에서는 보이지도 않고, 도둑은 재물이 집 안에 있을 거라 생각하고 여기까지는 짐작하지 못할 거야.'

그는 빙그레 미소를 지었어요.

'그래, 이제야 찾았다. 재물을 여기다 묻어야겠어.'

그런데 집 안에 있는 재물이 너무 많아서 땅속에 묻고 관리하는 것이 어렵겠다는 생각이 들었어요.

'재물의 부피를 조금 줄이면 좋겠다. 너무 커서 보관하기가 쉽지 않겠는걸.'

그는 재물을 금괴로 바꾸어 보관하기로 결심했어요. 매일 조금씩 재물을 들고 읍내에 가서 금괴로 바꾸었어요. 금괴로 바꾸는 작업이 모두 끝난 어느 날 밤, 그것들을 궤짝에 담아 사과밭으로 갔지요.

구두쇠는 열심히 땅을 팠어요. 혹시 누가 볼까 봐 주위를 두리번거리며 조심조심 땅을 깊게 팠어요. 금괴를 담은 궤짝을 넣은 다음 흙을 덮고 단단히 밟아 주었어요. 그리고 풀을 가져다가 가려 두었어요.

'좋아. 이젠 여기에 금괴가 있다는 것은 아무도 모르겠지.'

그는 이제야 안심이 되었어요.

그러던 어느 날 그는 문득 금괴가 잘 있는지 걱정이 되었어요.

'혹시 누가 금괴를 훔쳐 갔으면 어떡하지?'

걱정 때문에 잠이 오지 않았어요. 그는 결국 자리에서 일어나 사과밭
으로 가 금괴가 묻힌 곳을 파 보았어요.

'다행이다. 금괴는 그대로 있군.'

그는 흡족한 미소를 지었어요.

다음 날도 잠자리에 누웠는데 또 금괴가 잘 있는지 궁금했어요. 그래
서 잠옷 바람으로 삽을 들고 가 금괴가 잘 있는지 확인했어요.

'다행이다. 금괴는 그대로 있군.'

그는 만족스러운 표정으로 방으로 돌아왔어요.

이제 그는 금괴를 확인하지 않으면 잠을 잘 수가 없었어요. 잠들기 전에 금괴를 확인하는 것이 습관이 되었지요. 금괴를 바라보는 시간도 점점 길어졌어요. 금괴를 확인하는 시간이 그에게는 제일 즐겁고 행복한 시간이 되었어요.

그러던 어느 날 밤, 한동네에 사는 농부가 돈이 급하게 필요해서 구두쇠에게 돈을 빌리러 왔어요. 그는 구두쇠를 불렀지만 아무 대답이 없자 사과밭으로 향했어요.

그런데 멀리서 구두쇠가 땅을 보면서 한참을 앉아 있는 것이 보였어요. 그러다 삽으로 흙을 덮고 발로 밟는 것을 보고 이상하다는 생각을 하였지요.

'이상하다. 무슨 일로 늦은 시간에 저기서 저러고 있단 말인가?'

다음 날 구두쇠는 읍내에 일이 있어 집을 비우게 되었어요. 어젯밤 일이 궁금했던 농부는 사과밭으로 갔어요. 그런 다음 구두쇠가 있던 곳을 파 보았지요. 얼마 안 있어 궤짝 하나가 보였어요. 궤짝을 열어 보니 거기에는 엄청난 양의 금괴가 쌓여 있었어요. 돈 때문에 고민하던 농부는 궤짝을 훔쳐 달아나고 말았어요.

그날 밤, 구두쇠는 금괴가 없어진 사실을 알고는 자신의 머리를 쥐어뜯으면서 울부짖었어요.

"내가 평생 모은 금괴를 훔쳐 가다니…. 나는 이제 어떻게 살아간단 말인가!"

구두쇠는 억장이 무너지고 세상이 끝난 것 같은 느낌이 들었어요. 소리 내 우는 것 말고는 할 수 있는 일이 없었지요.

마침 근처를 지나가던 이웃집 할아버지가 슬프게 울고 있는 구두쇠를 발견하고 그 이유를 물었어요.

"아니, 자네. 어째서 이렇게 울고 있나?"

구두쇠는 자초지종을 말했지요.

그러자 할아버지는 그에게 이렇게 말했어요.

"그런 일로 너무 절망하지 말게. 자네는 금괴를 잃어버린 게 아니네. 자네가 금괴를 가지고 있었을 때도 그것을 진짜로 가지고 있었다고 할 수는 없다네. 이제 돌멩이를 묻어 놓고 금괴라고 생각하게나. 진짜 금덩이를 묻어 놓고 쳐다보기만 하고 사용하지 않는 것은, 돌멩이를 묻어 놓은 것과 마찬가지 아닌가."

"이럴 줄 알았으면 돈을 좀 더 좋은 일에 쓸 걸 그랬습니다."

구두쇠는 후회가 밀려왔어요.

1. 진로 생각 ① : 돈과 재물을 보관하는 방법

구두쇠에게 돈과 재물을 보관하는 적절한 방법을 알려 주세요.

돈과 재물을 보관하는 적절한 방법
예 재물을 돈으로 바꾸어, 은행에서 가장 이자가 비싼 정기예금을 든다.

2. 진로 생각 ② : 의미 있는 일

돈을 잘 활용하면 좋은 일을 많이 할 수 있습니다. 나에게 1,000만 원이 생겼다면 해 보고 싶은 좋은 일을 적어 보세요.

1,000만 원이 생겼다면 해 보고 싶은 좋은 일(의미 있는 일)
예 수해를 당한 이재민을 돕는 성금을 내겠다.

3. 진로 생각 ③: 투자해 보고 싶은 일

돈을 잘 활용하면 더 큰 돈을 벌 수 있습니다. 예를 들어, 좋은 영화를 만드는 데 투자하거나 성장이 기대되는 회사에 투자한다면, 나중에 수익이 생겼을 때 이익을 나누어 가질 수 있습니다. 내가 투자해 보고 싶은 일은 무엇이며, 그 이유는 무엇입니까?

내가 투자해 보고 싶은 일	투자 이유
예 애니메이션 영화에 투자해 보고 싶다.	예 내가 애니메이션을 좋아하고, 사람들에게 인기 있는 분야이기 때문에 흥행하면 큰 수익을 남길 수 있다.

4. 진로 생각 ④ : 안정적인 투자의 방법

물가가 오르더라도 내 재산이 줄지 않도록 하려면 돈을 불려 나가야 합니다. 돈을 불리기 위해서 저축을 하거나 투자를 할 수 있습니다. 저축은 은행에서 이자를 받아 돈을 불리는 것이고, 투자는 은행에서 받는 이자보다 더 많은 이익을 얻기 위해 적극적으로 돈을 불려 나가는 방법입니다. 투자는 은행 이자보다 높은 수익을 올릴 수 있지만, 투자한 금액을 모두 잃을 수도 있는 위험이 있습니다. 위험도가 높은 투자를 싫어하는 사람에게 권할 수 있는 안정적인 투자법이 있다면 무엇일까요?

안정적인 투자의 방법

예 연금을 들어 매달 일정 금액을 납부하고, 노후에 연금을 받으며 안정적인 생활을 한다.

Foreign Copyright:
Joonwon Lee   Mobile: 82-10-4624-6629

Address: 3F, 127, Yanghwa-ro, Mapo-gu, Seoul, Republic of Korea
           3rd Floor
Telephone: 82-2-3142-4151
E-mail: jwlee@cyber.co.kr

이솝 우화로 읽는 진로 이야기

2024. 11. 25. 초판 1쇄 인쇄
2024. 12. 4. 초판 1쇄 발행

지은이 | 정형권
펴낸이 | 이종춘
펴낸곳 | BM ㈜도서출판 성안당
주소 | 04032 서울시 마포구 양화로 127 첨단빌딩 3층(출판기획 R&D 센터)
     | 10881 경기도 파주시 문발로 112 파주 출판 문화도시(제작 및 물류)
전화 | 02) 3142-0036
     | 031) 950-6300
팩스 | 031) 955-0510
등록 | 1973. 2. 1. 제406-2005-000046호
출판사 홈페이지 | www.cyber.co.kr
ISBN | 978-89-315-8343-4 (73300)
정가 | 15,000원

이 책을 만든 사람들
책임 | 최옥현
진행 | 오영미
교정·교열 | 이진영
본문·표지 디자인 | 강희연
홍보 | 김계향, 임진성, 김주승, 최정민
국제부 | 이선민, 조혜란
마케팅 | 구본철, 차정욱, 오영일, 나진호, 강호묵
마케팅 지원 | 장상범
제작 | 김유석

■ 도서 A/S 안내

성안당에서 발행하는 모든 도서는 저자와 출판사, 그리고 독자가 함께 만들어 나갑니다.
좋은 책을 펴내기 위해 많은 노력을 기울이고 있습니다. 혹시라도 내용상의 오류나 오탈자 등이 발견되면 "좋은 책은 나라의 보배"로서 우리 모두가 함께 만들어 간다는 마음으로 연락주시기 바랍니다. 수정 보완하여 더 나은 책이 되도록 최선을 다하겠습니다.
성안당은 늘 독자 여러분들의 소중한 의견을 기다리고 있습니다. 좋은 의견을 보내주시는 분께는 성안당 쇼핑몰의 포인트(3,000포인트)를 적립해 드립니다.
잘못 만들어진 책이나 부록 등이 파손된 경우에는 교환해 드립니다.